왕촨푸, 혁신의 지혜

[비야디(자동차)]

왕찬푸, 혁신의 지혜

초판 1쇄 발행 ∣ 2016년 11월 15일

저 자 ∣ 리따치엔
번 역 ∣ 이호철
펴낸이 ∣ 김호석
펴낸곳 ∣ 도서출판 린
편 집 ∣ 박은주
디자인 ∣ 박무선
교 정 ∣ 손지숙
마케팅 ∣ 오중환
관 리 ∣ 김소영
주 소 ∣ 경기도 고양시 일산동구 장항동 776-1번지 로데오 메탈릭타워 405호
전 화 ∣ (02) 305-0210 / 306-0210 / 336-0204
팩 스 ∣ (031) 905-0221
전자우편 ∣ dga1023@hamnail.net
홈페이지 ∣ www.bookdaega.com

ISBN   979-11-87265-07-8 04300
        979-11-87265-03-0 (세트)

〈사진 출처〉
연합뉴스, Wikimedia Commons(AngMoKio, Au Morandarte, Bert van Dijk, Brucke-Osteuropa,
Crotalus horridus, CoolKid1993, Esneq5874, FireflySixtySeven, Hartsook, Historianbuff,
Linuxthink, Mark Hirschey, Navigator84, Pokarin, Porsche997SBS, Richard Smith, Shuichi Aizawa,
Sisser, Spielvogel, Xianxing, Yavno)

왕촨푸, 혁신의 지혜

THE CREATIVE WISDOM OF WANG CHUANFU

차 례

혁신의 함정

혁신을 위한 준비
'천천히, 보기, 통과하기'

21살, 그는 중난공업대학(中南工業大學) 야금물리화학과를 졸업하고 베이징 유색금속연구원에 입사했다.

27살, 베이징 유색금속연구원은 심천(深圳)에 비거(比格)배터리유한회사를 설립하여 회사의 CEO로 발탁되었다.

29살, 그는 안정된 직장을 포기하고 그 어떤 핵심 경쟁력도 갖추지 못한 기업, 비야디(比亞迪)를 세웠다.

36살, 치열한 시장 경쟁 속에서 7년 동안 버텨온 비야디는 기적적으로 니켈 카드뮴 배터리 생산 및 판매량 세계 1위, 니켈 수소 배터리 세계 2위, 리튬 배터리 세계 3위를 차지하면서 전 세계에 '배터리 왕'으로 이름을 알렸다.

37살, 그는 과감하게 자동차 생산 시장에 진출하여 이미 백열화된 자동차 시장을 향해 '자동차의 왕'이 될 것이라고 호언장담했다.

43살, 비야디의 F3가 29만 대 판매됨으로써 그해 중국 자동차 시장에서 단일 모델 판매량 1위를 기록했는데 이를 두고 세상 사람들은 비야디의 발전 속도를 '로켓속도'라고 말했다. 같은 해 후룬연구원(胡潤研究院)은 그가 350억 위안의 자산으로 중국 부호 1위를 차지했다고 발표했다.

앞에서 기적 같은 인생 드라마를 쓰고 있는 '그'는 누구인가? 그가 바로 왕촨푸(王傳福)이다. 왕촨푸가 이루어낸 수많은 혁신은 획기적인 것이었다. 획기적인 혁신 속에서 각종 논란에 휩싸인 왕촨푸는 복합적인 혁신 방식으로 전설을 하나하나 만들어 갔다.

어떻게 왕촨푸는 '성공신화'를 만들어 내는 동시에 최대한 안전하게 '사고'를 피해갈 수 있었을까?

"빨간색 등이 켜지면 멈추고 녹색 등이 켜지면 통과한다."라는 상식은 누구나 잘 알고 있다. 왕촨푸의 혁신 사례를 살펴보면 바로 신호등을 지키듯이 그는 '천천히, 보기, 통과하기'를 잘 실천했다고 볼 수 있다.

'천천히'는 전략적으로 세밀하고도 장기적인 계획을 세우고 혁신 고리의 전반적인 협동을 실현하는 것이다.

'보기'는 기업의 내부 상황과 시장의 발전 과정을 주의 깊게 관찰하고 두 가지를 잘 가늠하여 최적의 혁신 책략을 제정하는 것이다.

'통과하기'는 바로 제품, 인력, 마케팅의 상호 매칭이다. 제품은 전쟁터에서의 무기와 같아 제품의 우열이 곧 성공 여부를 결정한다. 직원들의 숙련 정도는 시장에서의 기적 창조의 가능성 여부를 결정한다. 마케팅은 일종의 지혜로서, 마케팅 전쟁을 언제, 어떻게 펼치며 누구와 어떻게 협력하느냐 하는 문제들은 모두 기업가의 두뇌를 필요로 한다. 즉, 기업가의 뛰어난 두뇌가 있어야만 장기적인 혁신전에서 승리를 거둘 수 있다.

● BYD 자동차

BYD 자동차는 중국 심천(선전)에 위치해 있는 자동차 제조사이다. 2003년, 충전지 제조업체인 비야디 주식회사의 자회사로 세워졌다. 2007년 하반기 BYD 자동차는 중국 산시성 정부와 협력을 맺고 이 지역에 F3를 택시로 공급하기 시작하여 시안 택시의 절반쯤이 BYD 의 F3로 구성되어 있다. 2008년 12월, BYD 자동차는 'F3 듀얼 모드' 라는 삽입식 하이브리드 자동차를 생산하고 판매하기 시작하여 성공 을 거두었다.

중국 자동차 전시장에 전시되어 있는 BYD F3 　▷출처: Wikimedia Commons

중국 하이테크박람회에서의 BYD 자동차의 모습 　▷출처: Wikimedia Commons

제1편 혁신을 위한 준비 '천천히, 보기, 통과하기'

1

전략적 결단력과 협동력

애플, 구글, P&G 등 유명기업들의 사례에서 쉽게 볼 수 있듯이, 유명기업들의 혁신전략은 특허발명, 신제품 개발, 마케팅 혁신 등에 그치지 않고 기업의 종합적인 혁신력을 키우는 데 온 힘을 기울였다는 것을 알 수 있다. 즉, 그 기업들은 다양한 종합혁신 포트폴리오를 통해 혁신의 융합을 완성했다.

기업은 장기적인 혁신을 위해 반드시 전략과 목표에 맞는 기업문화를 만들어야 한다. 비야디(BYD)의 왕찬푸는 기술자 출신으로 파격적인 혁신에 능하며 기업 설립 초기부터 혁신을 통해 기업의 생존을 위해 노력하였다. 비야디의 모든 임직원들은 이런 왕찬푸의 영향을 받아 저마다 강한 혁신의식을 갖추게 되었다. 혁신은 비야디의 기업문화로 모든 직원의 머릿속에 깊이 각인되었다.

비야디가 IT 산업에서 자동차 산업으로, 전통적인 자동차 제조에서 전기자동차로 전환한 모든 행보는 전체 조직 인력들의 혁신마인드와 협력으로 신속하게 완성될 수 있었다. 그 과정에서 왕촨푸는 항상 솔선수범하여 팀을 이끌고 혁신을 진행하였으며 혁신이라는 기업문화와 분위기를 형성하였다. 비야디의 조직 인력들은 이러한 문화적 분위기 속에서 IT 배터리에서 자동차 배터리로의 전환을 뜻하는 전략적 통합과 산업 사슬의 협력, 제조방식의 협력, 팀 협력 등을 포함하는 전략적 협력을 실현했다. 비야디는 자신만의 혁신논리와 방식으로 배터리에서 휴대전화 부품 생산으로 전환해 갔고, 다시 자동차를 향하여 나아갔으며 전체 산업계를 뒤흔드는 비약적인 발전을 이루었다.

1995년에 설립되어 지금까지 약 20년 동안 비야디는 '배터리 왕'에서 '자동차 왕'으로 변신하면서 눈부신 성과를 이룩했다. 그렇다면 이러한 쾌속 굴기의 비결은 무엇일까?

혁신전략이 바로 비야디의 쾌속 굴기의 비결이자 비야디가 성

제1편 혁신을 위한 준비 '천천히, 보기, 통과하기'

공할 수 있었던 DNA라고 할 수 있다. 1995년 왕촨푸가 배터리 분야에서 좌충우돌하며 치열한 싸움을 벌일 당시 생산설비는 창업의 첫째 관문이었다. 일본제 니켈 카드뮴 배터리 생산설비 하나에 수천만 위안의 투자가 필요했고, 당시 일본에서는 카드뮴 배터리 생산라인의 수출을 금지하고 있었다. 왕촨푸는 생산설비를 구매할 자금이 없었을 뿐만 아니라 구매할 수 있는 경로도 없었다. 시설이 없으면 생산은 불가능한 것이고 아무리 대단한 기회라고 하더라도 텅 빈 이론에 지나지 않는다. 또한 왕촨푸는 이미 사직했기 때문에 아무런 체제의 보장도 받지 못했다. 더이상 물러설 곳이 없었던 그는 스스로 해결책을 찾아야만 했다.

왕촨푸는 풍부하고 저렴한 중국의 인력자원의 우위를 이용하여 직접 일부 핵심적인 시설들을 만들기로 결정하고, 생산설비를 분해하여 인력으로 하나하나 완성해 나가기 시작했다. 그 결과 왕촨푸는 약 100만 위안으로 일일 생산량 4천 개에 달하는 니켈 카드뮴 배터리 생산설비를 구축했다. 생산방식에 대한 혁신으로 원가는 일본의 경쟁자에 비해 40퍼센트 저렴해졌다. 비야디는 원가 우위와 일부 대리판매업체를 이용하여 점차적으로 저가 시장을 개척하기 시작했다.

저가, 고품질이라는 마케팅 방식은 사용자들에게 좋은 평가를 받았고 비야디의 중요고객 목록에는 파나소닉, 소니, GM 등 다국적 기업들의 이름들이 등장하기 시작했다. 현재 비야디는 니켈 카드뮴 배터리 분야의 세계 1위, 니켈 수소 배터리 분야의 세계 2위, 리튬 배터리 분야의 세계 3위 자리를 지켜가고 있다. 이러한 놀라운 성과는 비야디의 사업 방식이 매우 성공적이라는 것을 증명해 준다.

왕촨푸가 팀을 이끌고 자동차 분야에서 성과를 올리고 있을 때 몇 년 동안 승승장구하던 중국의 자동차 시장에 저조기가 찾

● 종합 가전제품 기업, 파나소닉(Panasonic)

1918년에 마쓰시타 고노스케가 설립한 일본의 전기, 전자기기 제조업체로 종합 가전제품 생산기업이다. 텔레비전, DVD, 디지털 카메라, 라디오, 오디오, 냉장고, 에어컨 등 다양한 가전제품을 생산하고 있다. 본사는 일본의 오사카에 위치해 있다.

Panasonic

아왔다. 이 저조기는 획기적인 혁신을 꿈꾸던 왕촨푸에게 새로운 기회로 다가왔다. 수많은 자동차 기업들이 차를 한 대라도 더 팔기 위해 치열한 경쟁을 벌이고 있을 때 왕촨푸는 가격대 성능비가 높은 자동차 시장을 주목하였다. 당시 대부분의 차들은 가격이 높은 편이었고 시장에는 가격대 성능비가 높은 자동차 제품이 거의 없는 상황이었다. 왕촨푸는 가전제품, 식품, 음료수 등 많은 업종들에서 모두 가격대 성능비가 높은 제품으로 성공한 사례들이 적지 않다는 것을 떠올렸다. 자동차 업계에서 이러한 기회를 포착한 왕촨푸는 자사의 자동차 가격을 우선 10만

일본 오사카에 있는 파나소닉 본사　▷출처: Wikimedia Commons

위안 이하로 낮추었다.

왕촨푸의 혁신전략은 바로 가격대 성능비이다. 왕촨푸는 해외 자동차 기업에 비해 중국은 인건비가 상대적으로 낮아 경쟁력을 갖출 수 있다는 점을 발견했다. 중국에는 우수한 이공계 학생들이 많이 있다. 심지어 화웨이(華爲)와 같은 기업에서는 한 학과의 졸업생 전체를 모두 채용하여 기술 인력에 대한 '독점'을 실현하기도 한다. 이러한 인력에 대한 '인해 전술'은 인건비를 낮추는 작용도 한다. 왕촨푸는 사람을 중심으로 높은 가격대 성능비의 전

● 일본의 세계적인 전자업체, 소니(Sony Corporation)
일본의 전자기기 제조회사로 세계적인 전자업체이다. 소니의 전신은 1946년 이부카 마사루 등의 기술자들이 세운 도쿄통신공업이다. 1950년부터 일본 최초로 테이프리코더를 개발하여 판매하면서 빠른 속도로 성장하였다. 일찍이 세계로 눈을 돌린 소니는 1960년 이후 세계 곳곳에 제품을 생산하고 판매하는 현지법인을 설립하고 이름을 널리 알렸다.
소니는 일본의 세계적인 브랜드 가운데에서 가장 먼저 세계에 알려진 브랜드이다. 소니의 본사는 일본 도쿄에 위치해 있다.

략목표를 설정하고 달성하였다. 아울러 이러한 목표로 네 가지 중요한 혁신을 실행하여 자원통합과 전략적 협력을 실현했다.

첫째, 저렴한 원가의 생산양식 혁신이다.

근본적으로 살펴보면 생산양식은 효율과 원가를 결정한다. 자동차 산업에는 기본적으로 두 가지 양식이 있다. 하나는 포드식

일본의 도쿄에 있는 소니 본사　▷출처: Wikimedia Commons

생산양식으로, 대량의 생산설비와 통일된 리듬으로 제품을 생산하며 생산량, 리듬, 작업 과정, 제품 비축량을 가늠하여 기준을 설정한다. 다른 하나는, 도요타식 생산양식으로 정밀한 생산방식이다. 이 양식은 정해진 시간, 필요한 수량에 따라 제품을 생산하여 제공하고 '품종이 다양하고 양이 적으며 신속하게 변환하는' 특징이 있다. 이에 따라 재고를 남기지 않는 관리방식을 구사하고 있다.

● 일본을 대표하는 도요타 자동차(Toyota Motor Corporation)

일본을 대표하는 세계적으로 유명한 자동차 제조 기업이다. 1937년 도요타 사키치가 설립하였다. 도요타 사키치는 당시 일본의 발명왕이었는데, 자동방직기 특허권을 판매한 자본으로 그의 아들이 자동직기제작소 안에 자동차 부서를 만들면서 도요타 자동차의 역사가 시작되었다. 일본이 제2차 세계대전에서 패하면서 큰 타격을 입었지만 6.25 전쟁에 참전한 미군이 트럭 1천 대를 발주하면서 다시 살아났다. 1966년 출시한 '코롤라'라는 이름의 소형차로 닛산을 제치고 일본 제일의 세계적인 자동차 브랜드로 자리매김했다. 비야디의 소형차 F3이 코롤라를 완전히 모방했다는 평가를 받으면서 유명세를 타기도 했다. 도요타 자동차의 본사는 아이치현 도요타에 있다.

포드식 관리체제의 핵심적인 문제는 생산, 보관과 운송 원가가 높다는 것이다. 이에 비하여 도요타는 생산절차 면에서 불필요한 작업공간과 상하 전달에 소요되는 시간을 최대한 줄여 대기시간을 줄이는 것을 원칙으로 한다. 또한 기계에 대한 유지보수 시간을 합리적으로 배치하고 노동자들의 협력 효율을 높이는 동시에 노동자들의 개인 기능을 향상시키는 것이다.

그러나 도요타의 방식 역시 많은 기업들에게는 매우 넘기 어

1928년식 포드 모델 A ▷출처: Wikimedia Commons

려운 문턱과도 같다. 비야디는 이러한 생산양식을 도입할 수 있는 자금력도 갖고 있지 않았다. 섣불리 시도할 경우 처음부터 어마어마한 생산원가 문제에 직면하게 되며, '높은 가격대 성능비'라는 포지셔닝과 충돌하게 된다. 이에 따라 비야디는 핵심 경쟁 우위를 상실하게 된다.

자동화 생산설비를 구입할 형편이 못되었던 왕촨푸는 저렴한 원가의 '인해 전술'로 생산을 추진하였으며 '설비+노동자=로봇'이라는 생산양식을 발명해냈다. 그는 하나의 생산설비를 여러 개의 고리로 분해하여 핵심고리에 대해서는 자동화 통제를 실시하고, 기타 고리는 인력으로 완성하게 했다. 이렇게 다른 기업들이 수천만 위안의 거금을 들여 구축하는 설비를 왕촨푸는 수백만 위안으로 해결했다. 수많은 직원들의 수공 작업으로 '로봇'이 만들어졌다.

비야디는 낮은 자동화 수준으로 인하여 품질의 불균형이 발생하는 위험성을 낮추기 위해 노동자들에 대한 교육과 도구개선으로 품질의 안정성을 향상시켰다. 이런 방법으로 비야디는 인력자원, 설비투자, 품질보장과 자동화 사이에서 적당한 균형

지점을 찾아내게 되었고, 품질을 보장한다는 전제 아래 투자 대비 산출 이익을 극대화시켰다.

둘째, 저렴한 원가의 기술응용 혁신이다.

자동차 산업에서 기술은 제1 생산력이며 원가 통제의 핵심이다. 왕촨푸의 높은 가격대 성능비 전략에 맞춰 비야디의 기술연구팀 역시 저렴한 원가에 초점을 맞춰야 했다.

왕촨푸는 모방혁신 전략을 취하여 저렴한 원가, 빠른 생산을 실현하였다. 시대가 달라짐에 따라 모방혁신의 환경도 달라지기 마련이다. 안전하면서도 빠르게 혁신을 실현하기 위해 왕촨푸는 엔지니어들에게 세계의 유명한 브랜드의 자동차들을 해부해 보게 하였고, 이런 '자동차 해부'를 통해 소비자들의 선택을 받는 동시에 특허소송에 휘말리지 않는 '틈새' 기술을 찾아내도록 했다. 자동차들을 해부하는 과정에서 엔지니어들은 책을 통해 배운 지식들을 직접 활용하면서 풍부한 실전 경험을 쌓게 되었고, '업무에 대한 감을 잡지 못하던' 인력발전 장애를 해소할 수 있었다. 모든 것은 왕촨푸가 바라던 대로 흘러갔다. 비야디가 처음 선보인 F3은 외관은 도요타의 코롤라와 비슷했으며 심지어 내부의 일부 부품들도 서로 통용되었지만 가격은 코롤라의 절반도 되지 않아 자동차 시장에서 큰 인기를 끌었다.

이런 왕촨푸의 전략은 연구개발 비용을 크게 절감시켰을 뿐만 아니라 이미 소비자들의 검증을 거친 안정적인 기술로 시장에서 빨리 받아들여질 수 있게 만들었다.

셋째, 저렴한 원가의 부품 산업혁신이다.

1970년대 일본의 도요타는 유명한 '하도급' 제조방식을 만들어냈다. 도요타는 자원 아웃소싱을 최대한 활용하여 생산 원가를 낮춤과 동시에 연구개발 효율을 높이면서 끊임없이 시장의 요구에 맞는 자동차 제품을 출시하였으며 한때 세계 최대의 자동차 제조업체가 되었다. 현재 이러한 아웃소싱 방식은 자동차 제조업의 고정방식으로 자리 잡았다.

경쟁자의 시각으로 보면 아웃소싱은 원가를 절약하고 연구개발 효율을 높이는 좋은 방법이다. 그러나 이것은 결코 중국시장에 맞는 생산방법이 아니었다. 우선, 많은 부품산업이 같은 곳에 집중되어 있지 않기 때문에 물류원가를 낮추기가 쉽지 않았다. 그다음은 생산과 연구개발 문제이다. 생산과 연구개발이 맞물

려 진행되어야 하는데, 둘 사이에 불균형이 생기거나 부품에 작은 착오라도 생기면 원가는 천정부지로 뛰어오르게 된다. 따라서 아웃소싱은 최적의 해결 방안이 아니었다.

이때 왕촨푸는 중국의 인건비는 다른 나라가 도저히 따라올 수 없는 경쟁력이라는 점을 발견했다. 이런 우세한 점을 잘 활용한다면 원가 절감을 실현할 수 있었다. 또 왕촨푸는 역발상으로 '업계의 규칙'을 깨고 직접 부품 생산설비를 만들어냈다. 비야디 자동차의 70퍼센트 이상의 부품은 회사 내 사업부에서 생산된다. 비야디 F3, F6, F0 모델들의 경우 타이어, 바람막이 유리와 일부 통용되는 부품을 제외하고 나머지는 모두 자사의 제품들이다. 이 부품에는 조향 장치, 충격 흡수 장치, 전선, 방열기, 냉각기, 시트, 브레이크, 차 문, 와이퍼, 심지어 CD나 DVD까지 포함된다. 이러한 혁신적인 생산방식은 중국의 인건비가 낮다는 우세한 점을 충분히 이용하여 원가 경쟁력을 극대화시켰다.

넷째, 저렴한 원가의 기업문화 혁신이다.

사실상, 기업의 발전은 전략이나 전술만으로는 이루어내기에 역부족이다. 모든 고리는 사람에 의해 완성되기 때문이다. 따라서 기업은 반드시 전략에 맞는 기업문화를 만들어내야 한다. 비야디의 기업문화는 바로 혁신이며, 나아가 지속적으로 향상될 수 있는 혁신이다.

기업의 빠른 성장에 따라 비야디의 혁신은 점차 미래로 눈을 돌리기 시작했다. 이러한 미래를 준비하는 전략으로 철 배터리와 미래시장을 좌우할 신에너지 자동차인 비야디의 전기자동차가 세상에 고고성을 울리게 되었다. 혁신문화 분위기 속에서 비야디는 그 무엇보다 시장에 초점을 맞추었으며 '같은 제품은 남보다 더 뛰어나게, 남에게 없는 제품은 자체 개발'하는 발전 방식을 형성할 수 있었다.

중국 상하이의 거리에서 만난 BYD F6   ▷출처: Wikimedia Commons

제1편 혁신을 위한 준비 '천천히, 보기, 통과하기'

이러한 네 가지 핵심적인 혁신을 통해 왕촨푸는 자신이 우세한 점에 알맞은 저렴한 원가, 높은 가격대 성능비 마케팅전략을 완성시켰다. 일본의 기업처럼 로봇이 생산하는 자동화 설비를 구축할 수 없었던 왕촨푸는 시설과 인력이라는 두 가지 요소로 '설비+노동자=로봇'이라는 공식을 창조했다. 공업제품은 기술이 바탕이 되어야 한다. 비야디가 저렴한 원가로 생산한 제품은 기술수준을 한층 높였고 지속적으로 저렴한 원가를 유지할 수 있는 전략을 실현했다. 이에 따라 '비특허' 집약이라는 개념이

2009년에 열린 선전 하이테크 전시회에 전시되어 있는 BYD F0의 뒷모습
▷출처: Wikimedia Commons

나타나게 되었고 마침내 비야디의 제품은 높은 가격대 성능비의 경쟁력을 갖출 수 있었다.

물론 이러한 전략과 전술의 중심에 선 왕촨푸는 혁신적인 기업문화와 혁신 시스템을 창조해내어 비야디에 입사하는 모든 직원들이 혁신 에너지를 발휘할 수 있게 하였다. 왕촨푸의 높은 가격대 성능비 전략은 혁신적인 지혜의 산물이며 기업의 경쟁 전략이기도 하다. 비야디는 이런 전략을 발전의 기본으로 삼아 경쟁자들이 흉내 내기 어려운 경쟁력을 키웠다.

2

기업을 살피고 미래를 내다보다

미국의 매사추세츠공과대학교(MIT)에서 기업전략에 대하여 세 개의 잠언을 내놓은 적이 있다. 그 내용은 다음과 같다.

첫째, "환경을 변화시킬 수는 없지만 환경에 적응할 수는 있다."

둘째, "다른 사람을 움직일 수는 없지만 스스로를 움직일 수 있다."

셋째, "과거를 바꿀 수는 없지만 미래는 바꿀 수 있다."

자원적 우세는 기업 경쟁력의 기본이지만 경쟁력 그 자체는 아니다. 자원적 우세를 경쟁력으로 전환하기 위해서는 과정이 필요하다. 자원적 우세를 경쟁력으로 만들려면 기업의 내부를 자세히 살펴보고 경쟁 기업을 관찰해야 하며 소비자의 니즈를 주의 깊게 파악해야 한다. 자신을 살펴보고 스스로의 경쟁력을 찾아내고 경쟁자를 관찰하여 그의 단점을 찾아내야 하며 소비자를 살펴 시장에 맞는 연구개발 방향을 찾아내야 한다.

왕촨푸는 원가, 기술 등을 모두 핵심 경쟁력으로 승화시켰는데 그 중심에는 다음과 같은 '세 가지를 살펴보기'가 있다.

첫째, 비야디는 배터리 산업의 발전을 통해 저렴한 원가의 생산양식을 찾아냈다. 둘째, 경쟁자들이 '아웃소싱' 방식을 고집할 때 아웃소싱의 단점을 비야디의 장점으로 부각시켰다. 셋째, 소비자들이 원하는 높은 가격대 성능비의 제품은 왕촨푸의 원가 절감의 마케팅방식과 맞아떨어졌다. 이것이 바로 비야디의 성공 비결이다. 왕촨푸는 '기업의 내부'를 잘 살펴보았을 뿐만 아니라 '시장의 미래 방향'에도 눈길을 돌렸다. 그는 국가정책을 주의 깊게 살폈고 정책의 방향대로 돛을 달아 기업은 더욱 빨리 발전할 수 있었다. 예를 들면 왕촨푸의 전동버스, 전동택시 등은 모두 정책의 힘을 등에 업고 신속하게 추진된 것들이다. 업계의 추이

시안에서 택시로 운행되고 있는 BYD의 자동차 　▷출처: Wikimedia Commons

를 잘 분석하면 더욱 훌륭하게 미래 시장을 개척할 수 있다. 예를 들어 왕촨푸는 일반 자동차를 만들면서도 전기자동차의 발전 추이를 주목하였다. 왕찬푸는 바로 이러한 큰 흐름과 방향을 포착해 냈다.

　1990년대 일본 마케팅 업계에서는 '틈새시장' 이론을 내놓았다. 이 이론에 따르면, 현대시장에는 항상 사각지대가 있다. 틈새시장 전략은 바로 시장을 개척하는 또 하나의 전략으로 이 사각지대를 먼저 발견하는 사람이 성공적인 전환과 빠르고 높은 도약을 실현할 수 있다.

1993년 왕촨푸는 세계 배터리 산업의 동향을 살펴보면서 세계 배터리 생산대국인 일본이 포기한 니켈 카드뮴 배터리의 제조 기회를 포착했다. 당시 왕촨푸는 이것이야말로 틈새시장이라는 것을 깨달았고, 기필코 니켈 카드뮴 배터리 주요 생산지의 국제 대이동을 실현할 것을 다짐했다. 당시 중국과학원 심천 비

● 틈새시장(niche market)을 공략하라

틈새시장(niche market)이란, 비슷한 기존 상품이 많지만 소비자가 요구하는 바로 그 상품이 없어서 공급이 틈새처럼 비어 있는 시장을 말한다. 니치(niche)란 틈새를 뜻하는 말로 적소, 특정한 분야, 특정한 활동범위를 의미한다. 즉, 니치시장은 적소(틈새)시장, 특정분야의 소규모 시장을 뜻한다. 마케팅적으로 보았을 때 틈새시장 전략은 후발 기업이나 시장점유율이 낮은 기업이 기존 시장으로 직접적인 진출을 피하면서 아직 선점되지 않은 분야를 공략할 때 유용하다. 이를 통하여 후발 기업이나 시장점유율이 낮은 기업은 자신의 입지를 조금씩 넓혀 갈 수 있다.

거(比格)배터리유한회사의 CEO직을 맡고 있던 왕촨푸는 이 기회를 잡기로 결정했다. 그리고 1995년 왕촨푸는 심천비야디회사를 창립했다.

그러나 당시 왕촨푸는 틈새시장을 보았을 뿐, 그 시장을 손에 넣기까지 힘든 도전을 하며 시련을 이겨내야 했다. 우선, 왕촨푸는 수천만 위안이 투입되는 생산설비를 구축해야 했다. 당시 자금과 인재가 부족했던 왕촨푸는 이 천문학적인 숫자를 상상도 할 수 없었다. 나중에 그는 현실적인 부담을 못 이겨 스스로 핵심적인 생산설비를 만들어냈고 값비싼 생산설비를 분해하여 사람이 수공으로 완성할 수 있는, 싸고도 실용적인 작업 과정을 만들었다.

사실상 마케팅의 시각에서 보면 이 역시 틈새시장이었다. 시장에는 높은 원가, 높은 가격의 배터리들이 흔하게 있었지만 가격이 저렴하고 높은 가격대 성능비를 자랑하는 제품은 없는 상태였다. 강력한 원가 우위로 왕촨푸는 마침내 이 틈새시장을 공략하는 데 성공하였다.

2002년 비야디는 10.95위안의 높은 발행가로 홍콩 주식시장에 상장하면서 16억 홍콩달러의 자금을 조달했다. 같은 해 왕촨푸는 다음 투자분야에 대해 고민하기 시작했다. 결국 그는 주관심사로 떠오른 자동차 산업을 선택했다. 왕촨푸는 2003년 1월 23일, 외부에서 보기에는 '미친' 행보를 선보였다. 그는 2.7억위안의 자금을 투입하여 시안친촨자동차 유한책임회사(西安秦川汽車有限責任公司)의 77퍼센트의 지분을 인수하면서 자동차 산업에 뛰어들었다. 그러나 그가 인수한 기업의 핵심적인 발전 전략은 비야디와 전혀 부합되지 않았기 때문에 비야디의 주식은 바닥으로 하락했다. 인수 당일 비야디의 주가는 4위안 넘게 떨어졌으며 하락폭은 21퍼센트를 넘었다. 비전문가이다, 경험이 부족하다는 등의 맹렬한 비난 앞에서도 왕촨푸는 자신의 선택을 고집했다.

사실 왕촨푸의 저력은 틈새시장에 대한 독보적인 판단에서 비롯되었다. 당시 비야디는 이미 저렴한 원가로 자동차를 제조하는 데 풍부한 경험을 갖고 있었으며 배터리 분야에서도 성공 경험을 갖고 있었다. 당시의 자동차 시장을 살펴보면 높은 이익, 아웃소싱 및 고가의 작업라인 등 결정적인 약점들을 갖고 있었다. 한마디로 말하면, 제품의 원가와 가격이 지나치게 높다는 것이었다. 왕촨푸는 자신의 우세한 점을 발휘하여 이런 시장을 바꾸고 싶었다. 시장수요를 살펴보면 소비자들은 당연히 가격대 성능비가 높은 자동차가 출시되기를 기대하고 있었다. 원가는 경쟁 상대의 단점이었고 왕촨푸는 이런 단점을 극복할 수 있다고 믿고 자동차 산업에 진출하였다.

공격적인 전략을 통해 왕촨푸는 자동차의 제조와 출시를 완성하였으며 월 판매량 1위의 자리에 올랐다. 비야디는 23,500대의 판매량으로 처음으로 체리(奇瑞)의 17,997대를 넘어서면서 체리가 창조한 불패의 역사를 종결지었다.

'모방자, 표절자, 추종자'라는 각종 비난 속에서 비야디는 빠르게 자동차 업계의 복병으로 성장했다. 당시 모두의 시선은 일반 자동차에만 쏠려 있었으나 왕촨푸는 한 걸음 더 전진하며 세 걸음 앞을 내다보았다. 왕촨푸는 휘발유나 디젤유 등 재생이 불가능한 에너지는 21세기에 결국 사라지게 될 것이며, 에너지의 부족과 환경보호에 대한 세계 각국의 목소리가 높아지면서 새로운 대체에너지의 개발 및 활용은 필연적인 추세라는 것을 깨달았다.

미래의 세계 자동차는 새로운 엔진시대를 맞이할 것이며 전기자동차는 그 대들보 역할을 하게 될 것이다. 사실상 이 역시 미래시장의 틈새시장이었다. 비야디는 2003년부터 500명의 인력을 투입하여 신에너지 자동차 배터리의 연구개발을 추진하였는데, 그 개발비용은 10억 위안을 훌쩍 넘어섰다.

2006년 6월 왕촨푸는 순수한 전기자동차인 F3e의 연구개발에 성공했다. ETPOWER 기술의 철동력 배터리를 탑재한 이 모델은 공해, 배기가스, 소음이 없는 3무 목표를 실현했다. 이 모델의 배터리는 가격이 저렴한 철 원소 소재를 사용하여 원가를 대폭 절감했으며 그와 함께 가격대 성능비를 높였다. 배터리의 사용수명은 30만 킬로미터에 달하며 단 한 번의 충전으로 350 킬로미터를 달릴 수 있다.

첫 전기자동차를 출범시킨 비야디는 신에너지 자동차 분야에서 다양한 시도를 하기 시작했다. 우선, 심천에서는 비야디가 만든 리튬이온 전기자동차 200대가 택시 운영에 투입되어 심천은 중국 최초로 전기자동차 시범지역이 되었다.

그 후 틈새시장을 철저하게 공략하기 위해 왕촨푸는 남다른 혜안으로 공공버스 시장을 개척하기 시작했다. 2010년 9월 비야디에서 제조한 K9 순수 전기버스가 창사시(長沙市)에 등장하였다. 창사시 정부는 비야디와 1,000대의 전기버스 구매계약을 맺었다.

왕촨푸는 BYD의 전기자동차가 기술력을 갖추고 특징적인 브랜드로 자리 잡게 하기 위해 새로운 중외합자 방식을 모색했다. 2010년 3월 2일 비야디주식유한회사는 독일 다임러사와 중

중국의 선전에서 BYD K9 전기버스가 운행되고 있는 모습
▷출처: Wikimedia Commons

국시장을 겨냥한 새로운 전기자동차 브랜드를 공동으로 출범하기 위한 MOU를 체결했다. 이들이 협력하여 만든 새로운 브랜드가 시장에 출범되기만 하면 그 영향력은 엄청난 속도로 파급될 것이며 비야디의 국제시장 개척을 위한 초석을 마련해주게될 것이었다.

비야디의 성공에는 다음과 같은 네 가지 지혜가 숨어 있다.

첫째, 혁신의 지혜: 가능한 시간과 공간을 충분히 이용하여 승리해야 한다.

시장에는 반드시 틈새가 있다. 즉 시장의 사각지대, 상대방의 약점, 소외된 집단, 세분화된 수요, 미래의 추이, 새로운 제품 등이 바로 '틈새'이다. 기업은 이에 발맞추어 남다른 성공을 이루어야 한다. 비야디는 바로 원가에서 공략 지점을 발견하고 높은 가격대 성능비의 차별화 포지셔닝으로 시장 공략에 성공했던 것이다.

둘째, 전략의 지혜: '한 걸음 전진하며 세 걸음 앞을 내다보는' 눈높이를 가져야 한다.

장기적인 발전을 염두에 둔 기업이라면 모두 이와 같은 원근 결합의 전략을 세워야 한다. 사실 이것도 틈새시장 전략이라고 할 수 있다. 비야디는 바로 이러한 면에서 탁월한 안목을 갖고 제품을 출시했다.

셋째, 마케팅의 지혜: 고객의 요구를 만족시켜 경쟁자를 물리친다.

비야디의 모방은 어떻게 성공을 거둘 수 있었을까? 여기에는 세 가지 핵심 요소가 있다. 우선, 비야디는 고객의 요구를 가장 빨리, 가장 많이 포착하고 적극적으로 대응했다. 그다음, 비야디는 하나의 혁신 지점에 초점을 맞추고 끝까지 노력했다. 마지막으로 왕촨푸는 중국 내 소비자의 요구를 포착하고 그에 맞춰 한 발 더 고객에게 다가갔다. 비야디는 중국 지역 시장의 맞춤 수요를 겨냥한 제품의 차별화, 높은 가격대 성능비의 시장 차별화와 국제 유행 디자인이라는 이미지 차별화 등 모든 면에서 경쟁 상대와의 뚜렷한 차별화로 소비자의 수요를 충족시키는 혁신전략을 실현했다.

넷째, 발전의 지혜: 습관에 의존하는 병목 현상에서 벗어나야 한다.

기업가는 반드시 기존의 방식을 돌파해야 새로운 기회를 바로 포착할 수 있다. 왕촨푸는 배터리로부터 생소한 자동차 분야로 전환했는데 이것은 가장 담대한 습관 타파이다. 왕촨푸는 배터리 생산양식을 교묘하게 참조하고 이용함으로써 새로운 산업 경쟁력을 형성했다. 또한 마케팅 측면에서 비야디는 기업고객을 상대로 한 배터리 판매방식을 개인을 상대로 한 자동차 판매방식으로 전환시켰다.

3

제품 선정, 인력 양성,
그리고 마케팅

기업은 어떻게 혁신을 해야 하는가? 혁신은 이론에 그치는 것이 아니라 실제적인 행동이 따라야 한다. 왕촨푸의 사례들을 살펴보면, 혁신이란 제품 선정, 인력 양성, 그리고 마케팅이라는 것을 알 수 있다.

제품 선정

제품 선정은 곧 경쟁력을 의미한다. 고객의 요구에 초점을 맞추다 보면 전에 간과했던 사실들을 찾아낼 수 있으며 그 가운데에서 혁신의 기회를 발견할 수 있다. 시장기회가 무엇인지를 알게 되었다면 그곳에 모든 힘을 집중시켜 도약을 실현해야 한다. 비야디가 갓 자동차 분야에 진출했을 때 왕촨푸는 무조건 '선행자'의 방식대로 고급 자동차를 제조하고 판매한 것이 아니라 대중이 보편적으로 원하는 경제적이면서도 패션 감각이 있는 유행하는 차에 주목했다. 이러한 시장수요에 따라, 높은 가격대 성능비는 시장을 확보하는 무기가 되어 비야디는 일거에 성공을 거둘 수 있었다.

자동차 분야에 진출하기 전 왕촨푸는 비야디의 핵심적인 사용자들의 구매력이 10만 위안 안팎의 일반 대중이라는 것을 잘 알고 있었다. 가격은 당연히 가장 큰 경쟁력이었다. 왕촨푸는 자동차의 외관은 국제적 유행을 따르게 했고 기능 면에서는 자동차의 기본적인 기능을 보장하도록 했다. 이러한 방법으로 그는 가격대 성능비를 최고로 끌어올렸다.

브랜드의 인지도가 높아질수록 시장에서의 가치도 꾸준히 상승했다. 그러나 중급, 고급 포지셔닝으로 가는 과정에서 비야디는 여전히 "가격대 성능비를 얻는 자가 천하를 얻는다."는 마케팅 개념을 고집했다.

자사 제품이 항상 높은 가격대 성능비를 유지할 수 있게 하기 위해 왕찬푸는 두 가지 책략을 취했다. 우선 제품을 꾸준히 개선하여 발전시켰다. 2005년에 F3이 처음 출시된 뒤, F3화이트골드 버전, F3스마트 화이트골드 버전, F3신 화이트골드 버전이 출시되었다. 이러한 계속된 제품 출시는 단순히 경쟁 상대를 물리치려는 것이 아니라 소비자들에게 비야디의 꾸준한 혁신정신을 보여주기 위한 목적이었다. 가격 측면에서는 여전히 높은 가격대 성능비를 유지했다. 다음은 세부 요소에 대한 요구에 주목했다. 비야디는 습관적으로 뒷좌석의 공간을 크게 만들었다. 그래서 차의 외형은 국제적인 기품이 있었고 차체가 크고 배기량 또한 컸지만 가격은 여전히 똑같았다. 많은 사람들은 비야디가 외국 자동차의 외형을 모방하는 데 이목을 집중시키는 반면, 비야디가 세부 요소에 대한 혁신으로 중국인의 소비습관과 요구의 특성에 초점을 맞추어 시장을 얻었다는 점을 잊었다.

인력 양성

모든 전략 자체는 죽은 것이며, 오직 사람을 통해서만 그 전략을 활성화시킬 수 있다. 인재 기반을 마련하기 위해 비야디는 자동차 산업 진출 초기에 상하이에 방대한 연구팀을 설립하였다. 또한 대학 졸업생들을 대거 채용하고 각종 프로젝트의 교육 및 실천과목인 '자동차 해체'를 통해 신입사원들이 빠르게 성장할 수 있도록 도와주었다. 왕촨푸의 이와 같은 인재 양성과 비축 전략은 비야디가 자율적인 혁신능력을 갖출 수 있게 하였고 오늘날까지 혁신의 활력을 유지할 수 있게 만들었다. 왕촨푸는 인재관리를 더욱 강화하고, 비야디 특유의 '집과 같이 편안한 사

● 제너럴 모터스, GM(General Motors Corporation)

1908년 미시간 주의 디트로이트에서 마차를 만들던 윌리엄 듀랜트가 설립한 미국의 자동차 제조회사이자 세계 최대의 자동차 업체이다. 자동차 부품회사와 다른 자동차 제조회사를 사들이며 기업을 확대하면서 성장하였다. 1928년 미국의 포드 자동차를 앞질러 자동차 업계의 최고가 되었으며 제너럴 모터스를 줄여서 GM이라고 불린다. 주력 제품은 자동차이지만 그 외에도 디젤엔진, 가전기기 금속제품뿐만 아니라 국방, 우주분야에까지 손을 뻗는 등 GM의 사업범위는 매우 다양하다.

제1편 혁신을 위한 준비 '천천히, 보기, 통과하기'

내 분위기'를 창조하여 직원들이 마치 자기 집에서 생활하는 듯한 편안한 환경 속에서 일할 수 있도록 분위기를 조성하였다. 이러한 전략으로 더욱 많은 인재들을 비야디로 끌어들였다.

왕촨푸의 탁월한 점은 바로 방대한 조직을 자신이 세운 전략에 따라 움직이도록 하는 것이다. 비야디에서 직원들은 임무의

● 포드 자동차(Ford Motor Company)

미국의 자동차 회사로 1903년 헨리 포드(Henry Ford)와 그 외 11명이 공동 출자하여 미시간 주 디트로이트에 세웠다. 1913년 자동차를 대량으로 생산하기 위해 포드시스템을 도입하여 하루에 1,000대의 자동차를 생산하였고 1923년에는 연간 자동차 생산대수 167만 대로 미국의 자동차 생산량 50퍼센트를 달성하며 기세가 절정에 올랐다. 포드, 볼보, 링컨, 재규어, 머큐리, 선더버드, 머스탱, 매버릭 등 다채로운 브랜드로 이름을 떨쳤다.

포드 자동차의 설립자 헨리 포드
▷출처: Wikimedia Commons

집행자일 뿐만 아니라 저렴한 원가의 핵심 요소이기도 했다. 왕찬푸가 거느린 만 명의 엔지니어팀은 대부분 대학을 졸업한 지 얼마 되지 않는 젊은 청년들이다. 그는 해외 유학파나 전문가들을 맹신하지 않았고 높은 급여로 스카우트하지도 않았다. 왕찬푸는 스스로 대학생들을 키우는 것에 매우 익숙했다. 왕찬푸는 다음과 같이 말했다.

"중국의 학생들은 매우 총명합니다. 그들에게 부족한 것은 기회일 뿐입니다."

십여 년의 발전 과정을 거치면서 비야디의 제품사업부는 열 명도 채 되지 않았던 초기 인력 인원으로부터 20여 명까지 늘었다. 사업부의 책임자 중 가장 젊은 책임자는 31세밖에 되지 않는다. 방대한 엔지니어팀 인력의 대부분은 대학을 갓 졸업한 학생들이다. 비야디는 우수하고, 젊고, 담대하게 시도하는 엔지니어들을 양성하여 스스로의 능력을 발휘하게 하였다.

왕찬푸의 인재 양성의 핵심 사상은 과감하게 중요한 직책을 맡겨 책임감을 높여 주는 것이다. 왕찬푸 아래 7명의 부총재 중 대부분은 학교를 갓 졸업하고 바로 비야디에 입사하여 계속 근무해 온 직원들이다. 샤즈빙(夏治冰) 비야디 자동차 마케팅부장은 베이징대학에서 금융학을 전공한 1998년 졸업생이다. 당시 왕촨푸는 직접 베이징대학에 와서 직원을 채용했는데 당시 비야디는 직원 수가 2,000명도 되지 않는, 감히 베이징대학교에 와서 직원을 모집한 최초의 민영기업이었다. 샤즈빙과 그의 친구들은 직원을 채용하러 와서 식사 초대까지 하는 회사를 처음 보았다. 식사자리에서 왕촨푸는 비야디의 비전을 이야기하면서 그의 사업에 함께할 것을 호소했다. 얼마 후, 샤즈빙은 비야디에 입사하고 난 뒤에야 리튬 배터리 사업부에 직원이 몇십 명밖에

● 비야디의 부총재 샤즈빙

샤즈빙은 비야디의 성공을 위하여 많은 노력을 한 부총재였다. 그러나 판매전략에 대한 판단 오류를 범한 책임을 지면서 2011년 사퇴하였다. 2009년까지 비야디 자동차의 판매량은 급증했지만 2010년에 들어서면서 판매량 실적이 좋지 않았기 때문이었다. 비야디를 떠나기 전, 샤즈빙은 그동안 목표를 달성하기 위하여 너무 가혹하게 직원들을 대한 면이 있었다며 그로 인하여 상처받은 직원들에게 사죄한다는 말을 남기기도 했다.

제3장 제품 선정, 인력 양성, 그리고 마케팅

안 된다는 사실을 알았다. 그의 직원 ID는 72번이었다. 현재 이 사업부에서는 2만6천 명이 일하고 있다.

왕촨푸가 인력을 양성하는 또 다른 기술은 직원들에게 실천할 기회와 함께 실수할 수 있는 기회를 주는 것이다. 현재 비야

● 고급 자동차를 만드는 BMW(Bayerische Motoren Werke AG)
고급 자동차와 모터사이클을 만드는 독일의 기업이다. 1916년 독일의 뮌헨에서 항공기 엔진을 만드는 회사로 처음 설립되었고 1928년 자동차 공장을 인수하여 자동차를 생산하기 시작했다. 그 후 새로운 자동차 모델을 속속 출시하여 세계적인 자동차 브랜드 기업으로 성장하였다. 세단을 포함하여 컨버터블, 스포츠카, SUV 및 모터사이클 등을 제조하여 판매하고 있다. BMW의 로고는 독일의 바이에른 주를 나타내는 청백색을 바탕으로 하여 동그라미를 4개로 나누어 색깔을 교차하는 방식으로 만들어져 있다.

디가 상하이의 쑹쟝(松江)에 갖고 있는 자동차 공정원에는 3천여 명의 자동차 엔지니어가 근무하고 있는데 그중 90퍼센트가 2004년 이후에 졸업한 학생들이다. 국유기업이라면 그들은 우선 일 년쯤 나사못을 조이는 작업을 반복하고 다시 일 년쯤 지나서야 작업장 정리 따위를 하며 완제품 차를 만져볼 기회를 갖게 될 것이며, 그마저도 단순한 시운전 담당자일지도 모른다.

그러나 비야디에서의 상황은 완전히 다르다. 엔지니어들은 입사하자마자 완제품 차 프로젝트에 배치되고 각종 핵심 기술

BMW의 자동차 E90 모델의 모습 ▷출처: Wikimedia Commons

메르세데스 벤츠 코리아 사이트 화면 ▷출처: 메르세데스 벤츠 한국 사이트

을 접할 수 있게 된다. 해마다 비야디가 수천만 위안을 들여 구입한 세계 최신 모델의 차량들이 상하이 자유무역 지역 안의 와이가오차오(外高橋) 보세 구역을 통해 들어온다. 비야디는 갓 입사한 신입사원들에게 이 차들을 해부하고 보고서를 작성하도록 하며 차량은 보고서가 완성된 후 폐차 처리된다. 각종 신형 차들이 론칭할 때마다 비야디는 그 차들을 우선 구입하는데 그중에는 BMW, 벤츠, 포르셰와 같은 고급차들도 많이 있다.

비야디에 갓 입사한 젊은 연구개발 인재들은 새 차, 특히 고급세단은 감히 해체하지 못한다. 어느 날, 그 모습을 지켜본 왕찬푸는 아무 말 없이 자동차 열쇠를 꺼내 최고급 수입차인 벤츠

● 메르세데스 벤츠(Mercedes Benz)

1926년에 1890년 다임러가 세운 다임러와 1883년 K. 벤츠가 세운 벤츠가 합병되어 독일의 자동차회사 다임러벤츠가 설립되었다. 이때 만들어진 브랜드가 바로 메르세데스 벤츠이다. '메르세데스'는 다임러의 이사였던 에밀 옐리넥의 막내딸 이름에서 따왔다고 한다.

메르세데스 벤츠의 자동차는 그동안 몇 차례에 걸친 자동차 경주에서의 경험을 바탕으로 설계된 점과 뛰어난 기술에 힘입어 소비자들의 절대적인 믿음을 얻었다. 이를 통하여 메르세데스 벤츠는 세계적으로 지지를 받는 자동차 브랜드로 성장하였다.

고급스러운 장식이 돋보이는 메르세데스 벤츠 자동차의 앞면
▷출처: Wikimedia Commons

메르세데스 벤츠의 설립자 벤츠(左)와 다임러(右) ▷출처: Wikimedia Commons

● 독일 자동차, 포르셰(Dr.Ing.h.c.F.Porsche AG)

독일의 자동차 제조업체로 1931년 오스트리아의 자동차공학자인 페르디난트 포르셰(Ferdinand Porsche)가 독일의 슈투트가르트에 설립하였다. 처음에는 스포츠카와 경주용 자동차를 만드는 포르셰 엔지니어링 오피스(Porsche Engineering Office)로 세워졌다. 1948년에 페르디난트 포르셰가 그의 아들 페리 포르셰(Ferry Porsche)와 함께 포르셰 최초의 시리즈인 356을 출시하였다. 1950년에 지금과 같은 포르셰라는 회사 이름이 붙었다.

슈투트가르트 포르셰 중앙 대리점 앞에 세워져 있는 포르셰 911의 모습
▷출처: Wikimedia Commons

에 흠집을 내고는 말했다.

"이제 마음껏 해체해 보세요."

이런 왕촨푸의 패기는 젊은 직원들에게 용기를 북돋아 주었
고 과감하게 행동하고 실천하는 사내 분위기를 형성해 주었다.

성장속도가 빠르고 리더십을 갖춘 젊은이들에 대해 왕촨푸는
이렇게 말한다.

"그들을 자극하는 가장 효율적인 방식은 끊임없이 기회를 제
공하는 것입니다. 그들에게 새로운 발전과 실천의 무대를 계속

제공해 주어야 합니다."

2002년 말 상장을 준비하면서 왕촨푸는 모든 사업부와 한 가지 약속을 했다. 어느 사업부든 매출액 30억 위안, 순이익 5억 위안을 돌파한다면, 비야디로부터 분리되어 단독으로 상장할 수 있으며 팀원들 역시 더 많은 스톡옵션을 취득할 수 있다는 약속이었다.

마케팅

기업이 제품의 혁신경로를 찾은 후에는 막강한 마케팅팀이 시장을 열어주어야 하며 마케팅 혁신에 보조적인 역할을 해야 한다. 자동차 분야에 진출한 왕촨푸는 기존의 방식을 버리고 독특한 마케팅 방식을 통해 유행을 따른 디자인이면서도 가격이 저렴한 자동차를 가지고 싶은 소비자들의 꿈을 실현시켜 주었다. 이러한 제품 포지셔닝은 소비자를 위해 가치를 창조하는 것이며, 소비자와 기업 사이에 가치와 수요를 매개로 한 긴밀한 연계를 형성해 주었다. 왕촨푸의 전략적인 마케팅 혁신으로 비야디는 시장에서 박수를 받았다.

'차별화'는 경쟁전략의 핵심이자 혁신 그 자체다. 마케팅 혁신은 비야디에 날개를 달아주었고, 시장을 선도하게 된 비야디는 경쟁자들과의 대결에서 승리할 수 있는 국면으로 접어들었다.

마케팅 혁신의 방법 중 하나는 원가 측면에서 경쟁력을 갖추는 것이다. 비야디는 높은 가격대 성능비의 대표적인 브랜드이다. 그러나 높은 가격대 성능비를 유지하기 위해서는 매우 큰 부담감이 존재한다. 어떻게 하면 지속적으로 원가를 절감할 수 있을까? 지속적인 원가 절감을 위하여 비야디는 제조방법을 개선했다. 예를 들면 '설비+노동자=로봇'이라는 반자동화 방식이다. 비야디는 이러한 방식으로 제품의 품질을 유지했을 뿐만 아니라 원가도 절감할 수 있었다. 또한 기술 공략을 통해 비야디는 공개적인 제조법을 폐쇄적인 제조법으로 개선하여 시간과 인력, 비용을 절약했다. 그뿐만 아니라 수작업을 로봇처럼 정확하게 하기 위하여 전문적인 도구들을 설계했다. 이와 관련된 왕촨푸의 작은 발명은 헤아릴 수 없을 만큼 많다. 제조방법의 개선에 반자동화 방식을 결부시키자 비야디의 제품 품질은 보장되면서도 원가가 눈에 띄게 낮아졌다. 따라서 가격이 자연스럽게 저렴해지면서 고객들에게 가격대 성능비가 높은 제품을 제공할 수 있었다. 이로써 원가 절감은 브랜드에 힘을 실어주었고 마케팅 혁신의 든든한 토대가 되었다.

마케팅 혁신의 두 번째 방법은 차별화이다. 많은 사람들이 비야디를 가격 킬러로 간주하였지만, 사실상 저렴한 가격 역시 차별화의 일종이었고 그 배후에는 혁신적인 시스템이 숨어 있었다. 저렴한 가격은 왕촨푸가 찾아낸 다양한 원가 책략 덕분이었다. 그는 생산제조 과정, 연구개발 과정, 마케팅 과정 등 각 과정에서 여러 가지 저렴한 원가 책략을 펴왔다. 경쟁력을 갖춘 가격과 디자인의 절묘한 조합이 어울려 높은 가격대 성능비의 마케팅 포트폴리오가 완성되면서 비야디는 어마어마한 경쟁력을 갖추게 되었다.

마케팅 혁신의 세 번째 방법은 목표에 집중하는 것이다. 마케팅 책략에서 왕촨푸는 집중전략을 취했다. 예를 들면, 2005년 9월 F3이 출시될 때 비야디는 모든 힘을 한 지역에 집중시켜 홍보를 진행한 다음, 그 후 차츰 다른 지역, 다른 도시로 옮겨가며 마케팅을 진행했다. 지역별 출시를 통해 비야디는 목표 시장에서 정확한 포지셔닝, 제품 투입, 가격 책략, 제품 공법, 광고 투입, 서비스 등의 직원 훈련을 진행하였다. 한 지역에서 기대한 효과를 달성하면 다음 지역에서 계속 같은 방법으로 추진했다. 마케팅 역량이 집중되자 기초가 튼실해졌고 지역별 판매 경로 개발도 순조로워졌다. 사실상, 역량을 집중시킨 홍보 방식을 앞세웠기에 비야디는 높은 가격대 성능비 책략을 철저하고 완전하게 구현할 수 있는 능력을 인정받게 되었다.

혁신의 지혜,
다섯 가지 기교 연마

많은 기업들은 혁신의 표면적인 현상만 보고 핵심적인 혁신 과정과 혁신의 지혜를 짚어내지 못한다. 특히 제조기업을 놓고 보면 여전히 혁신의 블랙홀이 존재하며 그런 블랙홀들은 마치 장벽처럼 혁신자의 길을 막고 있기 때문에 혁신의 실마리를 찾지 못한 탐색자들을 불안하게 만든다. 왕촨푸의 혁신 이야기는 발전의 혁신, 관리의 혁신, 원가의 혁신, 마케팅의 혁신, 전략의 혁신을 보여주고 있다.

4

다원화와 보완의 캥거루 전략

다원화 발전의 효과적인 길을 찾아라

기업은 반드시 발전과 성장을 유지해야 한다. 그렇지 않으면 경쟁 상대에게 추월당하게 된다. 기업의 성장에서 다원화는 최적의 선택이다. 이전의 사실들이 증명하듯이 다원화의 성패는 다원화 방식과 밀접하게 연관되어 있다. 기존의 업무와 새로운 업무 사이의 연관에 따라 다원화 전략을 펼쳐야 한다. 기존 업무와의 연관성에 따라 두 가지 형식으로 구분할 수 있다.

첫째, 관련업무의 다원화이다. 기업이 새로 발전시킬 업무가 새로운 영역이기는 하지만 기존의 업무와 전략상 비슷하며 기술, 공법, 마케팅 채널, 시장 마케팅, 제품 등의 측면에서 공통점

BYD 홈페이지 화면 ▷출처: BYD 홈페이지

이나 비슷한 점을 갖고 있을 때가 있다. 이런 경우 기존의 자원을 활용하여 다원화 경영을 펼치게 되면 위험성을 줄이고 자원의 공유를 통해 '1+1〉2'의 효과를 낼 수 있다. 이것은 현대 기업의 다원화 발전에서 가장 많이 채택하는 방법이다.

둘째, 관련이 없는 업무의 다원화이다. 기업이 다른 산업의 업무를 인수, 합병하거나 기타 산업에 투자하여 업무 분야를 기타 산업으로 넓혀가는 것으로, 새로운 제품, 새로운 업무는 기업 기존의 업무, 기술, 시장과 아무런 상관이 없다. 다시 말하면, 기업은 기존의 기술이나 시장에 의존하지 않고 기술과 시장이 전혀 다른 제품 또는 다른 영역으로 발전시키는 것이다.

　다원화 전략에서의 핵심은 기업이 세 가지 핵심, 즉 핵심 기술, 핵심 능력, 핵심 경쟁력의 통합을 실현해야 한다는 것이다. 비야디는 배터리의 핵심 기술을 통해 IT 산업으로부터 자동차 산업으로의 이전을 완성하였으며 전력 저장 등의 산업으로 다원화 발전을 이루게 되었다.

　비야디는 IT 산업에서 자동차 산업으로 제조방식, 저렴한 원가 등의 경험을 이어 갔으며 전혀 상관이 없는 두 가지 산업에 연관성을 부여했다. IT라는 기존 업무에서 미래지향적인 신에너지 분야로 옮겨가면서 비야디는 다원화 발전을 시작하였지만, 핵심 기술 면에서 보면 비야디는 여전히 배터리 기술개발을 떠나지 않았으며 줄곧 시장 경쟁에서 주도적인 위치에 자리 잡고 있었다. 더욱 중요한 것은 비야디가 이로부터 상호 보완적으로 다원화된 독특한 유형을 형성했다는 점이다.

　기업이 다원화로 업무 범위를 확장하는 것은 기업 발전의 '유효 반경'이라고 한다. 기업 발전의 유효 반경은 생산, 기술과 시장이라는 세 가지 측면에서 기존 업무와의 유사 정도 또는 연관성에 따라 결정된다. 그러나 왕촨푸는 연관성이 없는 업무를 선택하여 새로운 연관성을 만들어 냈다.

기업이 바라는 발전은 더욱 크고 강하게 발전하는 것이다. 기업이 크고 강하게 발전하는 방법에는 두 가지가 있다. 전문화를 이루거나 다원화를 추진하는 것이다. 전문화가 일정한 정도에 이르면 한계에 도달하게 되는데, 이러한 의미에서 다원화는 유일한 선택이 된다.

왕촨푸는 두 가지 다원화 방향을 정했다. 우선 폭으로 발전하

● 왕촨푸의 배터리에 대한 자신감

"나는 세계 최고의 배터리를 만들 것이다." 이렇게 왕촨푸는 배터리에 대한 자신감을 강력하게 나타낸다. 왕촨푸는 배터리 제국을 이룩하겠다는 꿈을 꾸며 약 20년 동안 기술 개발에 매진했다. 이 꿈은 이루어졌고 BYD의 최대 강점이 되었다. 즉 BYD의 최대 강점은 바로 배터리를 비롯한 핵심 부품을 자체 생산한다는 것이다.

제2편 혁신의 지혜, 다섯 가지 기교 연마

는 것이다. 창업 초기 비야디는 주로 2차 충전배터리를 연구하고 개발하면서 제조 및 판매를 진행했다. 우선은 리튬이온 쪽으로 발전했고 나중에는 점차 니켈 카드뮴, 니켈 수소 등 충전배터리로 확대하여 발전했다. 이러한 전형적인 분야 내 발전은 기존의 제품군을 끊임없이 확대해주었다. 예를 들어 비야디는 휴대전화 배터리로부터 자동차 배터리에 이르기까지 기술의 확장을 통해 다원화 발전을 꾀했다. 또한 기술의 확장을 통해 배터리의 저렴한 원가 제조방식을 자동차 산업까지 확장시켰고 그로부터 저렴한 원가의 운영전략을 취했다.

이제부터는 비야디가 늘 말하는 캥거루 전략의 성공 비결을

● BYD와 캥거루

캥거루는 길고 튼튼한 뒷다리와 짧지만 강력한 앞다리를 가지고 있는 동물로 뒷다리로 힘 있게 버티고 앞다리로 껑충 뛰어오를 수 있다. BYD의 발전 과정을 되새겨볼 때 캥거루의 특징과 연관되어 있다는 것을 느낄 수 있다. 미래의 발전 가능성이 큰 산업을 선택하여 그 기반을 튼튼하게 마련한 뒤 마치 캥거루와 같이 껑충 뛰어올라 업계 최고 자리에 오르는 것, 그것이 BYD의 계획이자 전략이었다.

알아보자.

자동차 분야에 진출하기 전 비야디는 이미 착실하게 '긴 다리'를 준비해 왔다. 마치 캥거루의 힘 있는 두 뒷다리처럼 말이다. 그중 왼쪽 다리는 제조방식이다. 비야디는 시행착오를 겪으며 열악한 환경에서도 비야디만의 생산 기술을 개발하였다.

왕촨푸는 일본의 전체 생산설비를 분리하여 보조 기계, 강철판 제작, 전기자 조립체, 레이저 용접, 액체 주입, 테스트, 포장 등 7개 작업장으로 나누었다. 또한 작업장마다 간단하고도 쉬운 작업 과정으로 나누어 대량의 수공 작업을 통해 비싼 기계를 대체했다. 리튬 배터리 1일 생산량이 10만 개인 생산설비에 비야디는 2천 명의 노동자를 투입시켰지만 설비투자 비용은 고작 5천만 위안밖에 들지 않았다.

최종 단일 배터리에 할당되는 생산설비의 감가상각 기간 5년인 감가상각비와 인건비의 합계는 약 1위안이었다. 이에 비해 일본의 경우에는 5, 6위안일 정도로 단일 배터리의 원자재 가격이 비슷하더라도 비야디의 원가 우위는 한눈에 알 수 있다.

그뿐만 아니라 이런 반자동화, 반 수공의 생산설비는 비야디에 융통성을 부여했다. 고객이 제품을 교체하거나 물량을 증가할 경우 비야디는 외부의 지원 없이 스스로 생산설비를 조절할 수 있었다.

오른쪽 다리는 팀의 협동이었다. 집행력은 기업의 성패를 좌우한다. 따라서 반자동화 제조방식은 필연적으로 팀워크를 필요로 한다. 배터리를 만들 때 왕촨푸는 창조적으로 인해전술을 썼고 낮은 인건비를 이용하여 높은 가격대 성능비의 제조목표를 실현하였다.

비야디는 갓 대학을 졸업한 대학생들을 대량으로 채용하여 자동차를 만들었는데, 신입사원들은 급여에 대한 요구가 상대적으로 낮았기 때문에 기업의 원가 절감에 도움이 되었다. 또한, 졸업생들은 아직 '백지' 상태에 있었기 때문에 기업문화를 쉽게 받아들이고 기업과 함께 성장하겠다는 의욕이 강했다. 사실상, 안정된 팀은 원가 절감을 의미한다. 비야디는 인해전술을 통해 원가를 대폭 낮추었으며 최종적으로 비야디의 핵심적인 경쟁력이 되었다.

튼튼한 뒷다리의 힘이 있어도 두 앞다리를 이용한 도약이 없

중국 거리에서 운행 중인 BYD의 전기버스 ▷출처: Wikimedia Commons

다면 발전을 거듭할 수 없다. 그중 하나는 기술이다. 우선, IT 업계의 관련 기술은 부분적으로 자동차 산업에 이전될 수 있다. 비야디는 설립 초기부터 자율 혁신과 지적재산권의 보호를 매우 중요시했다. 2010년까지 비야디의 특허 출원 건은 8660건에 달했다. 최근 몇 년간 비야디의 특허 출원 건수는 해마다 100건 이상에 달한다.

그다음, 비야디는 비특허 기술의 집약성을 강화했다. 연구개발 원가를 낮추기 위해 왕촨푸는 갓 비야디에 입사한 대학생들에게 실천과목을 배정했다. 즉 세계적으로 유명한 차들을 해체해 보게 하고 그 과정에서 기술을 익히게 했으며 참조할 만한 제품기술과 디자인 요소를 찾아내도록 했다.

오른쪽 다리는 광범위한 판매 채널이다. 비야디는 막강한 인해전술로 전 중국 땅에 판매망을 형성하고 있다.

다원화 성공의 네 가지 코드를 찾아라

왕촨푸는 이렇게 말했다.

"다원화를 추구하는 기업 중의 90퍼센트가 실패로 끝났지만 왜 비야디는 손대는 것마다 성공하는가? 그것은 우리가 기술을 중요시하고 기술공략이야말로 가장 쉬운 일이라고 생각하기 때문이다."

사실상 비야디의 기술범위는 이미 좁은 의미에서의 제품기술을 넘어서서 제조, 공법, 제품, 전략 등을 포함하고 있다. 이러한 넓은 의미에서의 제품기술 양상 아래에서 비야디는 다원화 발전의 핵심을 찾아냈던 것이다.

첫째, 기존의 경험을 반드시 이용하라.

비야디의 성공적인 확장 사례에서 쉽게 찾아낼 수 있듯이, 기업은 확장하기 전 반드시 신구(新舊) 업무 사이에 경험 전달이 가능해야 한다. 이렇게 하면 위험 요소를 줄이고 다원화 성공률을 높일 수 있다. 왕촨푸는 자동차 생산에 IT 분야에서 쌓은 제조, 기술, 혁신 등 경험들을 연장시켜 높은 가격대 성능비의 포지셔닝을 달성했다. 이런 포지셔닝은 배터리생산 시절부터 시작되었기 때문에 경험 복제는 매우 쉽게 이루어졌고 틈새시장에도 잘 들어맞았다. 따라서 왕촨푸는 자동차 분야에 진출하여 성공할 수 있었다.

둘째, 기업은 리더가 미래를 결정한다.

왕촨푸는 기술 마니아일 뿐만 아니라 공부벌레였다. 기업 대표로서의 왕촨푸는 비행기에 탑승하면 비행기가 이륙하는 순간부터 책에 몰두했고 어디를 가든 자동차 관련 책들을 가지고 다녔다. 이러한 왕촨푸의 모습이 본보기가 되어 비야디에는 상하 모든 직원들이 기술혁신에 매진하는 문화가 형성되었고, 기술에 관심을 기울이고 기술을 연구하고 응용하기 위해 노력했다. 왕

제2편 혁신의 지혜, 다섯 가지 기교 연마

촨푸는 기술에 익숙하고 관리에 능했으며 혁신에 강하고 심지어 미래를 정확하게 통찰하고 장악할 줄 알았다. 이런 리더는 비야디 다원화 발전의 핵심 요소이다.

셋째, 잠재적인 이윤을 발견하라.

기업의 다원화 발전의 성공 여부를 가늠할 때에는 기업이 창출한 물질적 재부뿐만 아니라 브랜드 이미지의 상승에도 주목해야 한다. 왕촨푸는 신에너지 전기자동차를 만들면서 신에너지 자동차의 전략적 성공과 함께 자사 일반 자동차 브랜드의 경쟁력 향상에도 기여했다. 비야디는 전기자동차 개발로 더욱 많은 소비자들의 관심과 호감, 신뢰를 이끌어냈다. 이러한 잠재적인 이미지 개발은 비야디가 대중적인 브랜드로서의 입지를 확고하게 굳히게 하였다.

넷째, 모방의 최종 목적은 반드시 혁신이어야 한다.

모방의 궁극적인 목적은 혁신이며 자신만의 독특한 혁신력과 경쟁력을 신속하게 형성해야 한다. 왕촨푸는 전문가팀을 이끌고 비특허 기술의 응용에 집중했다. 이러한 응용은 원가를 절감시켰을 뿐만 아니라 핵심 경쟁우위를 형성시켰다. 그는 수많은 비특허의 집약성을 빌어 단순 모방의 경쟁방식을 타파하고 독특한 혁신방식을 형성하였다.

5

'가족문화'가 기업의 소프트 파워를 형성한다

단순 관리 측면에서 본다면 기업 관리는 세 가지 발전단계로 나뉜다. 첫 번째 단계는 사람이 사람을 관리하는 것으로, 조직 전체가 지도자의 의지대로 움직이는 것이다. 두 번째 단계는 제도가 사람을 관리하는 것으로, 제도를 통하여 조직의 구성원들을 관리하는 것이다. 세 번째 단계는 문화로 사람을 관리하는 것으로, 기업문화로 기업을 관리하면서 빠르고 건강하게 기업의 발전을 실현하는 것이다.

기업문화에는 사훈, 행동문화, 제도문화와 물질문화의 네 가지가 포함된다. 그 가운데에서 핵심은 기업의 사훈, 즉 정신적 문화이다. 정신적 문화에는 주로 기업정신, 경영철학, 관리이념, 가치관념 등의 내용이 포함되는데 이념으로 기업을 이끌고 기업의 관리를 추진해야 한다는 것이다. 다음은 기업의 행동문화로 기업 직원들의 생산경영, 학습, 오락 가운데에서 생성되는 활동문화를 통해 관리의 유효성을 촉진하는 것이다. 예를 들면 도서실에서 독서하고 인터넷방에서 오락을 즐기며 휴게실에서 교류를 진행하는 활동 등이다. 세 번째는 제도문화로서 주로 일련의 완벽한 제도를 통해 관리하는 것이다. 기업은 크고 작은 사안에 대한 제도적 절차를 제정하여 합리적인 운영을 보장해야 한다. 또한 제도의 유효성과 완전성을 보장하기 위해 관리위원회를 설립하고 이 위원회를 통해 관련 제도에 대한 사무관리를 진행해야 한다. 마지막으로 기업의 생산환경, 복리후생 등을 포함한 물질적 매개체를 활용하여 직원의 진취력과 발전력을 촉진한다.

왕촨푸는 심리학자 매슬로가 제기한 욕구의 다섯 가지 단계에 따라 비야디의 '가족문화'를 형성하고 비야디에 알맞은 기업의 정신문화, 행동문화, 제도문화와 물질문화에 대해 새롭게 해석하여 발전시켰다. 중요한 것은 왕촨푸의 의지대로 비야디는

● 미국의 심리학자 매슬로(1908~1970)

매슬로(Maslow)는 미국의 철학자이자 심리학자이다. 1908년 미국 뉴욕의 브루클린 빈민가에서 태어난 매슬로는 아버지의 사업 성공으로 뉴욕 시립대학에서 법률학을 전공하며 학업에 열중하다가 1928년 대학을 옮겨 심리학 공부를 시작했다. 1934년 심리학 박사 학위를 받은 뒤 콜롬비아 대학에서 심리학자 손다이크와 연구 활동을 하였고 브루클린 대학에서 14년 동안 강의하였다.

매슬로는 인본주의 심리학과 욕구 5단계설로 유명하다. 그는 인본주의 심리학을 창설하여 심리학계의 변화를 이끌었고 인간의 욕구를 단계적으로 정리한 '욕구 5단계설'을 주장하였다. '욕구 5단계설'이란 인간의 욕구는 기본적인 생리적 욕구에서부터 안전의 욕구, 사랑과 소속감에 대한 욕구, 존중과 인정에 대한 욕구, 그리고 궁극적으로 자기실현의 욕구에 이르기까지 인간으로서 충족되어야 할 욕구에 위계가 있다는 이론을 말한다.

매슬로의 주요 저서로는 《존재의 심리학 Towards a Psychology of Being》, 《최상의 인간 본성 The Farther Reaches of Human Nature》 등이 있다.

자기실현의 욕구
존중과 인정에 대한 욕구
사랑과 소속감에 대한 욕구
안전의 욕구
생리적 욕구

'군대-학교-집'이라는 관리방식을 형성했다는 것이다. 군대식의 엄격한 관리는 기업의 신속한 집행력, 팀 내의 협동심을 키워준다. 이를 바탕으로 하여 학습정신을 길러주고 교육과 실천을 통한 직원들의 신속한 성장을 기대하며 기업의 빠른 발전을 추진한다. 이때 가장 중요한 것은 직원들을 따뜻하게 보살피고 가족과 같은 분위기를 만들어 기업과 직원들이 함께 성장할 수 있도록 해야 한다는 것이다.

비야디의 가족문화는 기업문화와 인간의 욕구를 더욱 밀착시켰다.

첫째, 비야디의 가족문화는 사람의 가장 기본적인 욕구인 먹고 자고 쉬는 공간을 만들어 주는 것이었다. 비야디는 직원들에게 기숙사를 무료로 제공하고 구내식당에서의 식사비와 통신비 등 일상적인 지출에 대한 보조금을 지급해 주었다. 이런 혜택들은 직원들에게 기본적인 생활을 보장해 주었다.

둘째, 비야디는 안전의 욕구에 따라 신변 안전, 건강 보장, 일터 보장, 가정 안전 등 직원들의 안전을 지켜주었다. 비야디는 직원들을 위한 물질적인 보상제도를 만들어 우수 직원들을 선발하여 혁신상, 최우수 직원상, 연간 서비스상을 수여하여 격려해 주었고 승진, 직무 순환배치 등 업무적인 부분에서도 장려하였으며 집, 차, 야디(亞迪)학교, 기술학교 교육 등 다양한 복리 환경도 제공해 주었다. 이와 같은 복지는 비야디 직원들의 업무 열정을 크게 자극했다.

셋째, 직원들에게 비야디에 대한 소속감을 심어 주고 직원들 사이의 우정과 애정을 키워 주었다. 왕촨푸는 산업단지를 만들 때마다 기숙사, 구내식당, 슈퍼마켓, 오락시설, 운동장소, 도서관을 만들었고 심지어 컴퓨터 교육실과 세탁실을 설치하여 직원들의 생활에 편의를 제공해 주었다. 아울러 왕촨푸는 직원 훈련을 위한 교육기금을 세웠으며 때로는 자신이 직접 강의를 하기도 했다. 왕촨푸의 격려로 직원들은 문학동아리, 서화동아리, 예

● BYD와 꿈

BYD의 왕촨푸가 가장 좋아하는 단어는 '꿈'이다. 그래서 회사의 이름에 꿈이라는 말이 들어가 있는지도 모른다. BYD는 'Build Your Dreams'의 첫 글자를 따서 만든 이름으로 알려져 있다. 당신의 꿈을 만든다는 뜻이다.

제5장 '가족문화'가 기업의 소프트 파워를 형성한다

술동아리, 영어동아리 등을 설립하여 다양한 문화생활을 즐기는 과정에서 서로 간의 동료애를 다졌다.

넷째, 직원들이 자신감을 갖게 하고, 성취감을 느끼게 하며, 자존감을 세워주었다. 2001년 일찍이 왕촨푸는 현대적인 고급 주택단지인 야디촌(亞迪村)을 건설했다. 현재 회사의 중·고급 관리층의 대부분 직원은 여전히 이곳에 거주하고 있다. 단지 내부에는 유치원, 헬스장, 슈퍼마켓, 야외수영장 등이 마련되어 있다. 2003년 비야디는 심천에서 가장 훌륭한 중학교인 심천중학교와 손잡고 야디학교(亞迪學校)와 야디유치원(亞迪幼兒園)을 설립하였다. 이 학교는 비야디 직원들의 자녀들을 위하여 유치원에서부터 초등학교, 중학교까지 모든 교육을 제공한다. 8년 동안의 발전을 거쳐 이 학교는 이미 현지에서 가장 유명한 민영학교 중의 하나가 되었다.

또 하나의 복지문화로 직원들의 자동차 문화를 들 수 있다. 비야디는 두 가지 정책을 성공적으로 진행하였다. 바로 직원들이 자가용을 구매할 때 선불금을 면제해 주는 정책과 보조금 정책이다. 이러한 정책 덕분에 비야디사의 주차장은 몇 번이나 크

제2편 혁신의 지혜, 다섯 가지 기교 연마

기를 확장했다고 한다. 비야디의 발전과 업적은 직원들에게 성취감을 느끼게 해 주었고 외부의 존경과 찬사를 받게 하여 스스로의 가치를 높여주었다.

다섯째, 직원들을 과감하게 믿고 상벌을 분명히 하였다. 왕촨푸는 인재를 존중하는 동시에 인재를 중용했는데, 갓 졸업한 학생들에게도 과감하게 중요한 임무를 맡기기도 했다. 이러한 과감한 선택은 직원들이 자기의 꿈과 포부를 실현하도록 동기를

미국 디트로이트 모터쇼에 참석한 중국 BYD의 왕촨푸 회장(左)   ▷출처: 연합뉴스

제5장 '가족문화'가 기업의 소프트 파워를 형성한다

부여해 주고 이끌어 주는 핵심적인 책략이 되기도 한다. 비야디의 많은 중급 관리자들은 모두 대학교 내의 신규 모집을 통해 채용된 사람들이다. 그들 가운데는 30살이 되기 전에 개인의 목표를 달성하여 부장급으로 승진한 사람들도 있다. 그 외에 왕촨푸는 능력 있는 인재들을 과감하게 임원으로 발탁하여 실제로 꿈이 이루어지는 직장을 만들었다.

비야디가 주식시장에 상장한 후 왕촨푸는 자신이 보유하고 있던 15퍼센트의 주식을 회사의 20여 명의 관리 인력과 기술자들에게 나누어 주어 진정으로 '재산 배분'을 실현하였다. 왕촨푸는 직원들이 자신의 능력을 최대한 발휘할 수 있는 공간을 제공해 준다.

6

세계 시장을 향한
마케팅 혁신과 '6해' 전략

오늘날 세계 시장에서의 경쟁은 자원 통합의 싸움이다. 자원을 통합하는 동시에 자신이 우세한 점을 찾아 상대방을 뛰어넘을 수 있는 경쟁력을 내세워야 한다.

첫 번째 경쟁력은 도구이다. 도구는 시장 경쟁력 중에서 가장 혁신적인 무기이다. 기업은 선진적인 생산시설로 고품질의 제품을 창조할 수도 있고 노동자와 로봇에 의해 반자동화 제조방식을 창출할 수도 있다. 도구는 목표를 위하여 활용되어야 한다. 기업의 목표가 명확할 때 그 기업은 세계 시장에서 우세한 힘을 발휘하여 혁신을 이룰 수 있다.

두 번째 경쟁력은 원가이다. 경쟁력을 향상시키는 제1 요소는 '저렴한 가격'이다. 저렴한 가격을 실현하는 효율적인 방식은 바로 생산 원가를 낮추는 것이다. 따라서 원가관리는 경영에서 매우 중요한 역할을 한다. 비야디는 제조방식에 대한 개선, 작업 과정에 대한 혁신을 통해 저렴한 원가를 실현하였고 그와 함께 원가의 혁신을 완성하였다.

캔자스 대학교에서 강연 중인 워런 버핏   ▷출처: Wikimedia Commons

세 번째 경쟁력은 홍보이다. 홍보 책략에서는 통합형 홍보방식을 취할 수도 있고 티핑 포인트 방식을 취할 수도 있다. 티핑 포인트란, 작은 변화들이 일정 기간 동안 쌓이면서 어느 순간이 되면 작은 변화가 하나만 일어나도 갑자기 큰 영향을 미치는 상태가 된 단계를 말한다. 비야디는 높은 가격대 성능비를 갖추고 유행에 뒤처지지 않으면서도 품격 있는 차량을 갖고 싶은 소비자의 개성화 요구로부터 출발하여 행사 마케팅, 마케팅 활동, 광고 등의 입체적인 결합으로 통합형 홍보를 완성시켰다. 더욱 중요한 것은 투자의 신인 투자의 귀재, 워런 버핏이 비야디의 주식에 투자하고 비야디의 회의에 참석했다는 뉴스를 대대적으로 홍보하여 브랜드 인지도를 향상시킨 점이다.

네 번째 경쟁력은 생산이다. 비야디의 인건비는 외국 기업에 비해 상대적으로 적었다. 따라서 왕촨푸는 전통적인 정밀화, 자동화의 제조방식을 버리고 저가 노동력과 반자동화 제조라는 생산혁신을 진행하였다.

다섯 번째 경쟁력은 기술이다. 많은 기술은 복제와 재창조로 경쟁력을 갖출 수 있다. 전자제품이나 자동차 제조 등 비야디가 걸어온 길은 모두 이례적인 선택이었다. 비야디는 기존의 기술을 소화하고 활용하는 동시에 자신과 소비자에게 보다 잘 어울리는 혁신을 시도한 결과, 결국 비야디만의 독특한 경쟁력을 갖출 수 있었다.

● 워런 버핏(Warren Buffett)

20세기를 대표하는 미국의 투자가이자 사업가로 투자의 귀재라고 불린다. 1930년 미국 네브래스카 주의 오마하에서 태어난 버핏은 어렸을 때부터 콜라, 껌, 주간신문 등을 팔며 장사를 하고 가게에서 일을 하는 등 돈을 벌고 모으는 데 관심이 많았다. 성장한 버핏은 펜실베이니아대학 와튼 비즈니스 스쿨, 네브래스카-링컨대학, 컬럼비아대학 경영대학원에서 경제학을 공부하였다. 그 뒤 아버지가 설립한 회사, 뉴욕의 투자 회사 등에서 근무하며 경력을 쌓고 버핏 파트너십 (Buffett Partnership Ltd)이라는 투자조합을 설립하여 본격적인 투자 사업을 시작하였다.

버핏은 주식시장의 흐름을 정확하게 꿰뚫어보고 투자하여 성공하는 것으로 유명하다. 또한 그는 재벌이면서도 검소하게 생활하며 적극적으로 기부 활동을 펼치는 등 모범이 되는 행동으로 좋은 평가를 받고 있다.

제2편 혁신의 지혜, 다섯 가지 기교 연마

여섯 번째 경쟁력은 사업 모델이다. 사업 모델이란, 기업이 스스로의 전략적 자원을 기본으로 상황과 협력파트너의 이익요구를 결부시켜 구성한 일종의 사업 운영 조직을 말한다. 사업 모델의 구축은 흔히 자원의 통합에 기초한다. 모든 기업들이 '이익=판매가-원가'라는 공식을 따르고 있을 때 비야디는 새로운 순열과 조합으로 이 공식을 '원가=판매가-이익'으로 수정했다.

왕촨푸의 성공사례를 살펴보면 그의 수많은 혁신의 핵심은 통합이었다. 왕촨푸의 혁신은 모두 경쟁력에 기반한 전략적 혁신이었다. 다음은 왕촨푸의 '6해 전략(六海戰略)'을 살펴보자.

블루오션 전략

경쟁의 시각에서 보면 시장은 레드오션과 블루오션으로 나뉜다. 레드오션 시장으로 갈수록 경쟁 공간이 비좁아지고 이익 역시 갈수록 적어진다. 반대로, 블루오션은 개발을 기다리고 있는 시장 공간으로서 새로운 수요의 창조를 의미하고 높은 이익, 빠른 성장의 기회를 제공한다. 따라서 블루오션은 수많은 기업들이 꾸준히 탐색하는 발전전략이다.

왕촨푸의 특기가 바로 높은 가격대 성능비 책략을 펼치는 것이다. 예를 들어 비야디의 첫 모델인 F3은 외관상으로는 도요타의 코롤라와 거의 같았고 내부의 일부 부품들도 서로 통용될 수 있었지만 가격은 코롤라의 절반도 채 안 되었다.

심해 전략

레드오션에서의 접전 중에 지혜로운 기업에게는 두 가지 선택의 길이 있다. 하나는 레드오션 밖에서 블루오션을 찾는 길이고 다른 하나는 레드오션을 떠나 심해로 가는 것이다. 심해 전략은 바로 자신의 해역을 깊게 파 들어가서 수평선 아래에 심해 한계 노선을 설치하는 것이다. 이에 비야디는 깊게 파는 것과 깊이 잠수하는 것, 두 가지 전략을 모두 선택했다.

먼저 깊게 파는 전략에 대해 말하면, 비야디는 판매경로를 개발할 때 다수의 대리판매업체들을 모집하였다. 판매업체는 약 600개에서 빠른 속도로 1200개로 늘어났는데 그중 600개 이상은 4S 매장이었다. 비야디의 대리판매업체 수의 증가속도는 중국 내에서 으뜸이었다. 다른 한편으로 비야디는 깊이 잠수하는 전략을 취했는데, 이 전략에 따라 많은 지역의 대리판매업체는 매우 작은 현급 지역까지 확장해 나갔다. 심지어 어떤 사람은 비야디의 판매 인력들은 이미 농촌시장에까지 관심을 돌리고 있다고 말했다. 이것은 대단한 심해 전략이 아닐 수 없다. 판매 경로의 확장을 위하여 비야디 판매 회사는 1,000여 명의 직원을 보

● 블루오션(blue ocean)

푸른 바다, 블루오션이란 현재 존재하지 않거나 알려져 있지 않아 경쟁자가 없는 유망한 시장, 경쟁자들이 전혀 없는 무경쟁시장을 뜻한다. 수많은 경쟁자들로 우글거리는 붉은 바다, 레드오션(red ocean)과 반대되는 개념이다. 블루오션에서는 시장의 수요를 경쟁이 아닌 창조에 의하여 얻을 수 있으며 여기에는 빠른 성장과 높은 수익을 가져올 수 있는 큰 기회가 존재한다. 더 큰 가치를 창출하고자 하는 기업은 기존의 치열한 경쟁시장이 아니라, 경쟁이 없는 새로운 시장을 창출해야 한다.

블루오션 전략은 1990년대 중반 가치혁신(value innovation) 이론과 더불어 제기된 기업 경영전략론 가운데 하나이다. 즉, 블루오션 전략은 발상의 전환을 통하여 새로운 제품과 서비스를 발굴하여 경쟁하지 않고도 승리할 수 있는 시장을 창출해야 한다는 전략이다.

유하였으며, 중국 최대의 자동차 판매 회사로 성장했다.

근해 전략

판매 경로가 꾸준하게 확장되면서 왕촨푸는 근해 전략도 강화했다. 근해 전략은 각종 마케팅 전략을 통해 판매 경로를 더욱더 안정되게 다지는 책략이다. 또한 왕촨푸는 별도 유통망 전략을 채택했다. 별도 유통망 전략은 서로 다른 브랜드의 포지셔닝에 맞춰 차별화된 마케팅을 수행하여 각 브랜드에 대한 전반적인 이미지 구축에 도움을 주었다. 그리고 소비자들이 브랜드를 인식하고 기억하여 최종적으로 판단하거나 선택하는 데 편리하게 해 주었다. 비야디의 판매망 기획을 살펴보면, A1망에서는 F3, F6, F3DM, F8, M6, S6 등의 차종을 판매하고 A2망에서는 F0, F3R, F8, L3, M6, Y6 등의 차종을 판매하며 A3망에서는 F3R, F8, G3, M6, T6 등의 차종을 판매한다.

영해 전략

비야디는 블루오션 시장을 공략한 후 적극적으로 '영해'인 브랜드를 수립하기 시작했다.

2008년 9월, 미국의 유명한 투자의 신인 워런 버핏의 투자회사인 버크셔 해서웨이사 산하의 미드 아메리칸(Mid American)사는 비야디주식유한회사와 전략적 투자 및 지분 인수 협약서를 체결하였다. 협약서에 따르면 워런 버핏은 주당 8홍콩달러의 가격으로 비야디의 주식 2.25억 주를 인수하였다. 이것은 비야디 지분의 10퍼센트에 해당하는 양으로 총 거래 금액은 약 18억 홍콩달러이다. 비야디는 워런 버핏과의 투자에 대하여 각종 매체에 대대적으로 홍보하였고, 이 소식은 전 세계의 이목을 집중시켰다. 의심할 여지없이 이것은 비야디에게는 또 하나의 도약의 기회가 되었다. 현장 광고와 상호 작용하는 대화형 활동이 결합되어 BYD 브랜드의 가치는 빠르게 향상되었다.

레드오션 전략

기업은 마케팅 전쟁에서 적극적으로 경쟁의 주도권을 쥐는 것 외에 매우 강력한 방어책도 필요로 한다. 그래야 기업의 장기적인 발전이 보장된다. 이러한 면에서 비야디는 레드오션과 유사한 전략을 취하여 상대방이 도저히 비야디를 뛰어넘을 수 없게 만들었다. 비야디는 제조원가에 대한 통제능력을 활용하여 제품이 항상 가격 경쟁력을 유지할 수 있게 했던 것이다. 예를 들어 비야디는 각종 제조방식, 인해전술 및 수직통합 유형을 통해 가격장벽을 높게 쌓아올렸다.

자동차의 수직통합 외에도 비야디는 사업을 계속 확장해 나가면서 신에너지라는 핵심 고리를 둘러싸고 LED, 에너지 저장 발전소, 태양에너지 계획 등 산업 사슬을 형성했다. 신에너지의 수직통합은 비야디 신산업의 높은 가격대 성능비 전략을 위해

● 레드오션(Red Ocean)

붉은 바다, 레드오션이란 수많은 경쟁자들로부터 시장을 빼앗기 위하여 치열한 경쟁이 펼쳐지는 기존의 시장을 말한다. 이미 잘 알려져 있기 때문에 경쟁이 매우 치열하여 붉은 피를 흘릴 수밖에 없는 시장으로 기존의 모든 산업시장을 의미한다. 레드오션 시장은 경쟁자의 수가 많고 산업의 경계도 이미 정의되어 있기 때문에, 고객을 더 차지하기 위하여 치열하게 경쟁하게 된다.

가교 역할을 하면서 경쟁자가 도저히 따라올 수 없게 만든다. 이것은 또 하나의 핵심 경쟁력이다.

원해 전략

환경오염, 기존 에너지 부족 등의 문제가 날로 주목을 받으면서 신에너지 자동차가 이미 새로운 경향이 되었음은 의심할 바 없는 사실이다. 왕촨푸는 철 배터리와 같은 기술을 통해 전기자동차를 출시하였다. 그전까지 이 시장은 줄곧 해외의 고급 브랜드에 의해 독점되었으며 이미 고급 시장으로 분류되어 있었다. 일관되게 저가 책략을 실행해 온 비야디가 원가전략으로 시장을 점령한다면 기존의 시장판도는 분명히 달라질 것이다.

게다가 비야디는 자동차 금융 분야에도 진입하였다. 주요한 업무는 자가 브랜드를 경영하고 있는 대리판매업체들에 차량과 운영시설 구매에 필요한 대출을 해주어 업체의 자금 부담을 덜어주는 것이다. 2011년 3월 31일, 비야디의 자동차 금융회사는 은행감독관리위원회(CBRC)의 승인을 얻었다. 사실상 이런 전략은 모두 미래를 위한 전략적 배치였으며, 이러한 배치 아래에서 비야디는 더 큰 혁신으로 회사의 발전 속도를 가속화하였다.

오직 통합을 실현해야 혁신이 더욱 깊어지고 보다 철저해지며 더 큰 경쟁력을 갖추게 된다. 왕촨푸는 블루오션, 심해, 근해, 영해, 레드오션, 원해라는 6해 전략을 통해 혼합 마케팅 모델을 형성시켰다. 즉, 모든 우위를 집결시켜 마케팅 포트폴리오의 변화를 실현한 것이다.

7

마른 수건 비틀기에서 배우는 18가지 지혜

원가에서 우위를 차지하는 기업은 가격이 경쟁사와 비슷하거나 경쟁사보다 낮은 상황에서도 더욱 높은 이익을 창출할 수 있다. 그러나 원가에서 경쟁력을 갖춘 기업 역시 제품에 대한 혁신에 소홀히 해서는 안 된다. 가격이 낮은 제품은 자칫 타 경쟁사의 제품에 비해 품질이 떨어진다는 느낌을 줄 수 있고, 제품의 차별화를 이루지 못하게 되면 저가라는 이미지만 부각되어 기업의 발전에 불리하다. 다시 말해 높은 가격대 성능비를 창출할 수 있는 능력을 갖추어야만 시장에서 승승장구할 수 있는 저력을 가지게 된다. 단순히 저렴한 가격을 앞세운 전략은 통하지 않는다는 말이다.

원가우위 전략 역시 여러 가지 차원의 목표가 있는데 최고 차원의 목표를 달성했을 때 진정한 원가혁신을 실현했다고 볼 수 있다. 경제 전문가들은 원가전략에 대해 네 기지 단계를 도출하여 피라미드식 원가 모델을 형성하였다.

단순한 원가 절감

원가 절감은 원가우위 전략의 기본적인 전제와 최저 요구이다. 일반적으로 찾을 수 있는, 가장 낮은 단계의 확실한 원가관리 모델이다.

원가 발생의 기본적인 조건 변화

두 번째 단계는 기본적인 조건이 변화하는 단계이다. 이 기본적인 조건에는 자원의 기술적 성능, 제품의 품질 기준, 노동자들의 질과 기술력, 기업의 관리제도, 기업문화, 외부 협력관계 등 여러 가지 측면이 포함된다. 예를 들면 새로운 시설, 공법, 디자인, 재료 등으로 원가에 영향을 주는 구조적 요소를 변화시켜 원가 절감을 위한 기본적인 조건을 마련해 준다.

이익 공간 확대

세 번째 단계는 기업의 이익 증가를 최우선적인 과제로 삼는다. 기본적인 조건이 변하지 않는다는 전제하에서 원가 절감은 이익을 확대시키는데 이것은 원가 절감의 직접적인 목적이다. 그러나 원가 절감이 품질 하락, 판매량 감소 등을 유발하게 되면 기업의 이익은 오히려 감소된다. 따라서 원가관리는 원가 자체에만 주안점을 두어서는 안 되며, 원가, 품질, 가격, 판매량 등 다양한 요소들 사이의 상호 관계를 이용하여 합리적인 원가로 품질을 보장하고 가격을 유지하거나 인상시켜 시장 점유율을 확대시킴으로써 기업의 이익을 극대화해야 한다.

기업의 핵심 경쟁우위 유지

가장 높은 단계는 기업의 핵심 경쟁우위를 유지하는 것이다. 원가 절감은 반드시 기업의 기본전략에 영향을 주지 않는 것을 전제로 해야 하며 기업 관리에 유리해야 한다. 기업전략을 실시하는 과정에서 기업을 원가 최저화로 인도하는 것은 원가우위

전략의 최종 목표이자 최고 경지이다.

비야디는 원가전략을 통해 순조롭게 배터리, 자동차 분야에 진출했다. 특히 처음 배터리 분야에 진출했을 때 경쟁사의 3분의 2라는 원가우위로 시장을 개척하면서 산요, 소니를 제치고 세계 시장의 15퍼센트를 차지하여 중국 최대의 휴대전화 배터리 제조업체로 부상했다. 이것이 바로 원가전략을 통해 얻은 훌륭한 성적이다. 이러한 원가전략은 단순한 가격경쟁이 아닌 핵심 경쟁우위에 의거한 것이다.

> ● 종합 가전기기 회사, 산요 전기(Sanyo Electric Co., Ltd.)
> 일본의 종합 가전기기 제조회사이다. 1947년 마쓰시타 전기산업에서 일했던 이우에 도시오가 마쓰시타 전기로부터 시설 일부를 양도받아 제작소를 세우고 자전거에 사용되는 발전 램프를 생산한 것이 산요 전기의 시작이 되었다. 산요 전기라는 회사 이름은 1950년에 붙여졌다. 그 뒤 산요 전기는 라디오를 만들고 1953년 출시한 분류식 세탁기가 성공을 거두면서 그룹 기업으로서 기반을 튼튼히 다졌다. 산요 전기는 라디오, 텔레비전, 냉장고 등 각종 가정용, 업무용 전기 기기 제품을 생산하고 있다.

원가전략에서 기업은 다음 세 가지 단계를 반드시 이해해야 한다. 그래야 최적의 원가관리 모델을 찾아낼 수 있다.

1단계: 산업의 생산 모델을 보아야 한다

산업의 생산 과정 중에서 상하 업체 사이의 연결점은 직접적으로 기업의 원가에 영향을 준다. 왕촨푸는 기존의 생산방식을 무너뜨리고 전부 자체로 생산하는 제조방식을 취하여 자급자족의 국면에 들어섰다. 심지어 사출 금형(몰드)과 같은 일부 고리에서는 대외 생산까지 겸하여 이익 창출을 실현하였고 최종적으로 원가의 전략적 개선을 완성하였다.

2단계: 경쟁 상대의 생산 모델을 보아야 한다

경쟁 상대의 생산 모델에 대한 분석은 경쟁사의 생산방식과 가치를 판단하는 것으로 경쟁사에 대한 조사, 분석, 모방을 진행하여 경쟁사의 원가를 추산해내는 것이다. 배터리 산업으로의 진출 초기, 비야디는 경쟁사와 똑같은 제조방식을 취하려고 했으나 자금이 턱없이 부족했으므로 부득이하게 원가혁신을 단행하였다. 비야디는 한편으로는 경쟁사와 같은 작업설비를 사용하고 다른 한편으로는 직접 발명한, 수동으로 작동되는 작업설비를 사용하였다. 이러한 두 가지 형태의 결합으로 경쟁사와 차별화하였을 뿐만 아니라 경쟁사를 월등히 뛰어넘을 수 있었다.

3단계: 기업 내부의 생산방식을 보아야 한다

원가관리의 과학적 방법에 따라 기업은 각 작업장의 생산 부분에 대하여 점검하고 원가와 수익을 세부적으로 계산해내야 한다. 또한 관리부서, 판매부서, 구매부서 등 중요한 부문의 원가와 이익을 잘 정리해야 한다. 그러나 반복적이고 전면적인 검토는 업무의 효율을 떨어뜨리기도 한다.

왕촨푸의 원가전략에 따르면 원가의 비밀은 주로 두 가지로 나뉜다. 하나는 서방에서 유래된 산업 공정 관리를 바탕으로 원자재, 노동자, 설비 등을 통제하여 원가를 공제하는 것이다. 다른 한 가지는 동방의 문화 관리를 통한 관리로 기업문화, 독특한 지역자원 등을 이용해 원가 절감을 완성하는 것이다.

비야디는 낮은 원가로 자동차를 제조하는 사업 모델을 찾아냄으로써 자동차 산업의 복병으로 부상할 수 있었다. 획기적인 혁신에 능한 왕촨푸는 여러 가지 측면에서 원가를 절감했다.

자동차의 디자인은 영혼과도 같다. 소비자의 자동차 구매 여부에 있어서 디자인은 결정적인 역할을 한다. 그래서 왕촨푸는 디자인과 원가를 똑같이 중요시했다. 왕촨푸는 다음과 같이 설명했다.

"제품의 품질은 두 부분으로 나뉩니다. 사람과 같습니다. 한부분은 타고난 유전자이고 다른 한 부분은 후천적으로 배운 것입니다. 타고난 디자인이 훌륭하지 못하면 아무리 제조에 공

● 비야디의 공장 현황

비야디는 중국 안에 21개 공장을 가지고 있고 미국, 일본, 브라질에도 공장을 보유하고 있다. 이 공장들에서 전기자동차와 배터리, 휴대전화 부품을 생산해내고 있다. 특히 비야디는 전기자동차의 핵심 부품인 배터리를 모두 자체적으로 생산한다. 비야디는 2016년 말까지 배터리를 생산하는 공장의 수를 더 늘릴 예정이라고 발표했다. 비야디는 배터리를 제조하는 외부 업체에 의지하는 다른 전기자동차 업체에 비하여 배터리 분야에서 높은 경쟁력을 갖고 있다는 평가를 받고 있다.

을 들여도 허사입니다. 제조공법은 디자인의 결함을 감추지 못합니다. 사실상 제품의 70~80퍼센트는 디자인에 의해 완성되며 20~30퍼센트만 제작에 의해 완성됩니다. 디자인이 잘 되면 70~80퍼센트의 품질이 보장되며 마지막으로 제조로 마무리하면 됩니다."

이를 위해 왕촨푸가 선택한 방법은 바로 비특허 기술을 집약시키는 것이었다. 비야디 연구원들의 첫 번째 임무는 차를 해부하는 것이다. 그들은 세계 최고의 차들을 샘플로 삼아 해부하면서 연구를 거듭했다.

기업에서 인건비는 매우 큰 원가이다. 왕촨푸는 다른 자동차 업체와 달리 대학교를 갓 졸업한 신입사원을 대규모로 모집했다. 대학생 신입사원들은 젊은 열정을 불태워 6년 동안 밤낮없이 연구하여 철 배터리 기술의 난관을 돌파하고, 자동차에 응용되는 전기자동차의 주요 동력시스템으로 만들었다. 사실상 이후에 생산된 비야디의 여러 시리즈의 자동차 모델은 모두 이런 신입사원들의 걸작이다.

경쟁이 날로 치열해지고 있는 오늘날, 제품의 경쟁력을 향상시키는 주요한 방법은 '경쟁자보다 저렴한 원가로 보다 높은 이익을 창출하는 것'이라는 점은 각 산업 업계의 공통된 인식이다. 원가 절감에는 여러 가지 책략들이 있는데, 관리효율을 향상시키거나 지출을 줄이는 방법, 연구개발을 통하여 선진적인 공법 또는 대체 재료로 원가를 절감하는 방법 등이 있다.

작업장에 대한 투자비용을 줄이기 위해 비야디 작업장 내의 통로는 일반 기업의 절반밖에 되지 않는다. 하지만 이 비좁은 공간의 자재 선반에는 수많은 자재들이 빼곡히 쌓여 있다. 또 작업장 내의 부품들은 반나절에 한 번씩 교체되는데, 이런 방식으로 타 기업보다 재고 적재시간을 단축할 수 있었다. 이런 세부적인 혁신은 왕촨푸가 배터리 기술을 개발하던 시절부터 쌓아온 경험 덕분에 가능한 일이었다.

비야디가 리튬 배터리를 생산할 당시 생산설비에 대한 조건이 매우 엄격했는데, 반드시 먼지가 없는 진공생산 공간이 있어야 했다. 진공생산 공간을 마련하려면 막대한 비용이 들었다. 고심 끝에 비야디는 먼지가 없는 진공 상자식 생산설비를 만들어 대체했다. 이 생산설비에서 노동자들은 장갑만 끼고 편리하

크라이슬러 공식 판매 사이트 화면　▷출처: 크라이슬러 판매 사이트

게 각종 작업을 할 수 있었다. 이러한 설비에 반자동화 방식을 추가하자 비야디의 제품은 품질을 보장하는 동시에 원가가 눈에 띄게 낮아졌다. 이렇게 비야디는 소비자들에게 가격대 성능비가 높은 제품을 제공할 수 있게 되었다.

그 외, 기업은 모든 절차를 세분화하여 원가 소모 원인을 찾아내고 기업의 우세한 점, 생산 특징 등을 결합시켜 원가를 줄일 수 있는 핵심책략을 찾아내야 한다.

제2편 혁신의 지혜, 다섯 가지 기교 연마

1955년 시카고 오토 쇼에서 선보인 크라이슬러 임페리얼 자동차
▷출처: Wikimedia Commons

    2003년 1월 친촨자동차를 인수한 왕촨푸는 그로부터 몇 개월 뒤 재빠르게 베이치그룹(北汽集團)의 몰드공장을 인수하여 베이징 비야디몰드유한회사(北京比亞迪模具有限公司)를 설립했다. 이 회사의 설립은 왕촨푸에게 있어 일석삼조의 책략이었다. 왕촨푸는 이를 통하여 자동차 몰드를 위탁하여 설계하고 가공하는 데 들어가는 막대한 비용을 줄이고 자사의 기술력을 계속 향상시

켜 다른 자동차 업체의 외주까지 받을 수 있게 되었다.

현재 비야디는 모든 몰드 생산을 자사 내에서 소화하고 있을 뿐만 아니라 크라이슬러, GM, 포드, 도요타 등 자동차 업계의 몰드 제작도 대행하고 있다. 왕촨푸는 끊임없이 사업의 상승 흐름을 타고 업무를 확장시켜 모든 제품에 대한 자율화 생산을 완성했다. 겉으로 보기에는 복잡하고 번거로운 사업 모델이 도대체 무슨 역할을 한 것인가? 최대의 역할은 바로 원가 절감을 극대화했다는 것이다.

사실상 왕촨푸의 원가혁신 전략은 주로 여섯 가지 형태를 취하고 있다.

첫째, 인건비 절감 형태로, 대학생들을 모집함으로써 인건비를 절약했다.

둘째, 디자인 개선 형태로, 비특허 기술의 집약을 통해 디자인 원가를 최저로 낮추었다.

셋째, 재료 절약 형태로, 대체 가능한 저렴한 원자재를 사용하여 원자재 원가를 낮추었다.

넷째, 생산혁신 형태로, 반자동화 생산설비를 구축하여 자동화 생산설비보다 원가를 훨씬 더 절약하였다.

다섯째, 제품 간소화 형태로, 새로운 생산과정을 발명하여 제품을 간단하게 만들었다.

여섯째, 산업 사슬 형태로, 완벽한 산업 사슬을 구축하여 원

● **미국의 자동차 기업, 크라이슬러(Chrysler Corporation)**

미국의 자동차 및 부품 제조기업이다. 크라이슬러의 역사는 1909년에 시작된다. 1909년 조너선 맥스웰과 벤저민 브리스코가 처음 유나이티드 스테이츠 모터 컴퍼니(United States Motor Company)라는 회사를 세웠다. 그러나 1913년 이 회사는 문을 닫고 맥스웰 홀로 맥스웰 컴퍼니(Maxwell Company)라는 이름으로 다른 회사를 운영해 나가다가 1920년 제너럴모터스의 월터 크라이슬러가 이 회사에 들어오게된다. 제너럴모터스의 초대 부사장이었던 월터 크라이슬러는 다른 모터카 회사를 인수한 뒤 1924년 자신의 이름을 따와 '크라이슬러 70'을 만들어 냈다. 1925년 월터 크라이슬러는 회사의 이름을 크라이슬러로 변경하고 사장 자리에 올랐다. 그 후 여러 자동차 회사들을 합병하고 제품 개발에 주력하면서 한때 포드, GM에 이어서 미국 자동차 업계 순위 3위를 차지하는 자동차 기업으로 성장하였다. 본사는 미시간 주 디트로이트에 있다.

가를 전면적으로 절감했다. 사실 이 여섯 가지 원가혁신 전략은 비밀이 아니다. 그 외에 또 다른 핵심이 되는 매우 중요한 전략 두 가지가 더 있다.

우선, 저렴한 원가 문화가 이미 비야디의 구석구석과 모든 직원들의 마음속에 침투했다는 것이다. 그리고 왕촨푸는 이미 저렴한 원가를 기업의 경쟁전략으로 삼고 있었다는 것이다. 비야디의 목표는 반드시 가격대 성능비가 높은 자동차를 만들어내는 것이다. 이렇게 비야디의 모든 전략과 전술, 그에 따른 활동들은 모두 이 목표를 향하고 있었기 때문에 그 효과는 당연히 나타났으며 그 결과 또한 매우 좋았다.

제2편 혁신의 지혜, 다섯 가지 기교 연마

8

전략 혁신-
자동차 산업 사슬에서의 수직통합

오늘날 국제경쟁은 이미 유례없는, 새로운 산업 사슬의 전쟁 양상이 되었다. 사실상 이 전략은 기업의 단순한 전술조합이 아닌 전략문제로 볼 수 있다.

산업 사슬에서 고리 연결과 융합을 실현하는 가장 기본적인 요인은 원가에 있다. 제조업에는 수직통합 전략유형이 항상 존재해 왔다. 이 유형은 한 제품이 원자재로부터 완성품에 이르고 최종적으로 소비자의 손에 들어가는 모든 과정을 통합하는 것이다. 어떤 회사가 과거에 공급업체로부터 공급받던 원자재를 직접 생산하거나 과거에 자사가 생산했던 원자재로 제품을 생산하는 경우를 수직통합이라고 한다.

수직통합에는 두 가지 유형이 있다. 생산과정의 다음 단계와 통합하는 것을 전향통합이라 하고 생산과정의 전 단계와 통합하는 것을 후향통합이라 한다. 비야디는 자동차 업종의 낡은 규칙을 깨고 70퍼센트 이상의 부품들을 회사 내부의 사업부를 통해 생산했다. 그 예로 비야디 F3은 자동차 부품들 가운데 타이어, 전면유리와 몇몇 국제적으로 통용되는 부품을 제외하고 조향 장치, 범퍼, 시트, 문, 심지어 CD나 DVD까지도 전부 자체 생산했다. 이것은 현재 자동차 업종에서 유일무이한 제조방식이다.

비야디 자동차의 수직통합 전략은 자원을 최대한 이용하고 원가를 절감하며 제품의 가격대 성능비 우위를 형성시켰다. 이로써 끊임없는 가격전쟁을 통해 업계의 가격 한계 노선을 새롭게 만들면서 비야디 자동차는 원가에서 경쟁자를 압도적으로 앞설 수 있었다. 이것은 전후통합 전략의 성공이라고 할 수 있다.

배터리 업계와 관련하여 비야디의 내부에는 다음과 같은 유머가 유행한 적이 있다.

"인텔(Intel)은 인텔 인사이드(Intel inside)이고, 우리는 비야디

인사이드(BYD inside)이다. 모토로라, 지멘스, 노키아는 모두 익히 알고 있지만 이런 브랜드의 휴대전화 안에는 모두 비야디가 있다는 것을 아무도 모른다."

이런 '유머'는 이제 자동차 분야에서도 나타나고 있다. 비야디가 채택한 수직통합 생산전략은 업계 내의 규칙을 무너뜨렸을 뿐만 아니라 저렴한 원가를 이용한 발전의 블루오션 시장을 개척하였다.

사실상 이 전략은 매우 높은 품질통제 시스템을 요구한다. 자체 생산의 공급을 보장하기 위하여 비야디는 직접 금형 및 비품을 비롯한 설비를 만들고 생산설비에 대한 테스트와 조립 등을 진행했다. 왕촨푸는 이를 '수직통합' 중의 '전향통합'이라고 불렀다. 왕촨푸는 기자와의 인터뷰에서 다음과 같이 말했다.

"F3 전기자동차의 모든 생산설비는 비야디가 스스로 설계하고 제작한 것입니다. 이것은 모든 설비를 구매하여 사용하는 일본의 업체들과 많이 다릅니다. 이런 부분에서 그들은 우리에 비해 많이 뒤떨어져 있습니다."

산업 사슬의 기타 부품에 대한 통합방식은 '후향통합' 즉 역

방향통합이라고 할 수 있다. 현재 자동차의 타이어와 유리를 제외하고 비야디는 대부분의 핵심 부품을 스스로 연구개발하고 생산할 수 있는 능력을 갖추고 있다. 왜 이렇게 해야 하는가? 이 부분에 대하여 왕촨푸는 다음과 같이 말했다.

"제품 각각의 이윤은 낮을지라도 회사의 전체 이윤은 낮지 않습니다. 예를 들면 자동차의 이윤은 18퍼센트 이상이지만 완제품 차의 총이윤은 4~5퍼센트에 불과합니다. 우리는 모든 작업을 스스로 하고 있으므로 이 모든 것을 통합하면 높은 이윤을 실현할 수 있습니다."

이 말에서 왕촨푸의 전략목표는 역시 원가를 낮추는 것임을 알 수 있다. 왕촨푸는 또 다음과 같이 설명했다.

"우리는 범퍼를 만들어서 바로 자동차 조립장에 가져가는데 차에 조립하기까지 이 범퍼는 아직 따뜻한 온도를 유지하고 있습니다. 그러나 일반 기업들은 범퍼의 포장비용과 운송비용만 해도 굉장하다고 합니다."

수직통합 전략에서 비야디는 내부에서 각종 부품의 원가 조절을 진행하면서 이익에 대한 통제권을 장악하고 있다. 배터리

베이징 국제 자동차 전시회에서 BYD Tang EV 출시에 대하여 설명하고 있는 왕촨푸
▷출처: 연합뉴스

제조를 예로 들면, 비야디의 고객들은 비야디와 EMS 기업에 대하여 다음과 같은 비교를 한 적이 있다. 똑같은 제품 생산 조건에서 비야디와 단순 EMS 기업을 비교해 보면 비야디의 원가는 15~20퍼센트 저렴하고 제품의 완성속도는 3분의 1 정도 빠르

제8장 전략 혁신–자동차 산업 사슬에서의 수직통합

다. 기업이 외부로부터 부품을 구매한다면 일반적으로 5일 동안 사용할 수 있는 재고량을 확보해야 한다. 그러나 비야디는 당일 오후 2시 30분 전에 이튿날 필요한 물량을 주문하기만 하면 바로 생산계획을 달성할 수 있다. 이렇게 함으로써 재고, 물류 관리에 들어가는 인적, 물적 자원 비용을 크게 감소시킬 수 있다.

통계자료에 따르면, 자동차 분야만 해도 비야디가 자체 연구 개발한 자동차 펀칭 장비는 360종에 달하고 자동차 용접 장비는 825종, 자동차 도색 장비는 656종, 자동차 최종 조립 장비는 412종에 달한다.

디자인을 제외하고, 수직통합 전략의 또 하나의 핵심은 부품 금형(몰드)의 개발 및 제조이다. 2003년 5월, 비야디는 베이징 지츠자동차몰드유한회사(北京吉馳汽車模具有限公司)와 자산 구조조정을 완성하고 베이징 비야디몰드유한회사(北京比亞迪模具有限公司)를 설립하였으며 베이징 비야디산업단지(北京比亞迪工業園)를 건설했다. 원래 베이징지프(北京吉普)에 소속되어 있던 이 기업은 막강한 기술력을 갖고 있었다. 인수합병 후 베이징 금형 공장은 증축되었고 세계적인 선진기술 수준의 사출성형 설비를 구축했는데, 이것은 중국 내 많은 금형 공장에서 갖추지 못한 능력이었다. 이것은 왕촨푸가 자동차 제조를 시작하는 동시에 금형 제조 산업을 시작하게 된 근본적인 원인이기도 하다.

그 외에 왕촨푸는 신흥전략 산업으로 눈길을 돌렸다. 현재 비야디의 배터리 사업은 몇 가지 분야를 포함하고 있다. 첫째는 휴대전화 부품이고 둘째는 전기자동차이며 셋째는 풍력에너지, 태양에너지 등의 신에너지이다. 특히 배터리에 대한 연구가 더 활발하게 진행됨에 따라 앞으로 에너지저장 발전소 건설도 가능해질 것이다.

몇 해 전부터 비야디는 이미 풍력에너지와 태양에너지에 대한 연구를 시작했다. 신에너지 분야에서 비야디의 산업 사슬은 매우 길게 이어져 있다. 광석, 공업규소, 고순도 규소, 다결정 규소, 얇은 조각형 규소, 조립 부품, 설비, 태양에너지 발전소 등으로부터 태양에너지 발전소 내의 전력 균형 배터리에 이르고 있다. 비야디의 수직통합 전략은 자원을 최대한 이용하고 원가를 절감하여 비야디 제품의 가격대 성능비 우위를 향상시켰고, 비야디 제품의 경쟁력을 높이는 데 큰 도움이 되었다.

수직통합 전략이 이처럼 많은 장점을 갖고 있다면 왜 다른 기업에서는 수직통합을 멀리하고 아웃소싱과 전문화 분업에 많이 의존하고 있는 것일까? 이에 내하여 전문가들은 다음과 같이 분석했다. 우선, 해외의 인건비가 상대적으로 높다. 그리고 수직통합은 회사의 고정적인 원가가 차지하는 비율을 증가시킨다. 그 외 수직통합 전략은 관리에 대한 요구가 높다. 사실상 많은 기업들은 비야디가 이루어낸 원가, 품질, 효율의 균형을 따라가지 못한다. 비야디를 따라가기 위해서는 관리에 대한 많은 투자, 조직적인 보장이 필요하며 수많은 경험의 누적도 필요하기 때문에 비야디를 쉽게 모방하기 어렵다. 비야디는 외부 공급업체를 거의 갖고 있지 않고 자동차의 거의 모든 부품을 자체 생산하고 있다.

　　모든 산업 생산 사슬의 혁신은 아무나 해낼 수 있는 것이 아니다. 비야디가 산업 사슬 혁신에 성공할 수 있었던 원인은 다음과 같다. 우선, 산업 사슬의 핵심 부분에 진입한 후 절대적인 기술우위를 확보하였다. 왕촨푸는 언제나 경쟁자를 따돌릴 수 있는 차별화 기술을 발견할 줄 알았다. 그다음으로 비야디는 제조

제2편 혁신의 지혜, 다섯 가지 기교 연마

업에서 여러 해 동안 쌓은 경험과 우위로 하나의 산업 사슬을 접목시키거나 스스로 만들어 냈으며, 상위 고리의 핵심적인 기술을 하위 고리에서 광범위하게 활용하여 시장의 인정을 받고 브랜드를 창출한 다음, 다시 상위의 핵심 고리를 키웠다. 이 두 가지는 비야디가 산업 사슬 혁신에 성공할 수 있었던 비결을 말해주고 있다.

혁신의 함정

"화와 복은 한 뿌리에서 난다."라는 말이 있다. 시장은 나날이 변화하고 발전하며 기업은 형형색색의 문제에 부딪히게 된다. 흔히 기회 안에 함정이 있고 함정 속에 기회가 있는 법이다. 기회와 함정은 함께 오는 경향이 있다. 혁신을 진행할 때에는 다음과 같은 점들을 생각해야 한다.

첫째, 제품의 방어선에 대해 파악해야 한다. 타사의 특허를 침해하지는 않았는지, 관련 표준에 부합되는지, 관련 법률 규정을 어기지는 않았는지 등을 파악해야 한다.

둘째, 제품의 미래 추이를 대표하고 있는지 생각해야 한다. 기업이 새로운 산업에 진출하거나 새로운 제품을 출시하려고 준비할 때에는 반드시 그 생명주기를 고려해야 한다.

셋째, 제품과 소비자 사이의 거리가 얼마나 되는지 가늠해 보아야 한다. 회사의 제품이 소비자의 요구를 충족시킬 수 있는지, 또 소비자의 소비성향을 이끌 수 있는지 살펴보아야 한다.

넷째, 생산제조 방식에 대하여 생각해 보아야 한다. 생산 기업으로서 반드시 고민해야 할 문제는 생산제조 방식이다. 아웃소싱을 할 것인가, 스스로 생산할 것인가? 이 문제는 기업의 포지셔닝과 연관되는 문제일 뿐만 아니라 기업의 발전 방향과도 관련이 있다.

다섯째, 기업의 마케팅에 대하여 고민해야 한다. 기업은 마케팅 전쟁에서 반드시 모든 자원을 총동원하여 경쟁자에 맞서고 기업의 특징을 부각시켜 승리를 쟁취해내야 한다.

9

당신의 기업은 안전한가?

제품을 특허 위험으로부터 멀리하라

2007년 왕촨푸는 〈중국 기업가〉와의 인터뷰에서 다음과 같은 말을 했다.

"솔직히 말씀드리면, 비야디는 자동차 산업에 진출하면서 맨 처음부터 자동차를 만들지 않을 것입니다. 우리는 세계를 선도하는 위치에서 진행해야 합니다. F3을 예로 들면, 우리는 일부해외 기업의 훌륭한 브랜드를 참조하였고, 그들의 비특허 기술은 활용하고 특허기술은 배제했습니다. 자동차는 전통적인 제품으로 100여 년 동안 발전해 왔는데, 대부분의 특허는 이미 존재하지 않거나 유효기간이 지났습니다. 남아 있는 특허란 외관

뿐입니다. 우리는 어떤 특허도 갖고 있지 않은 표면에 집중하여 머리나 꼬리 부분을 바꾸는 방식으로 특허에 관련된 위험성을 피해갔습니다."

사실 비야디 자동차가 빠르게 발전할 수 있었던 것은 우선적으로 특허문제를 잘 처리했기 때문이다. 비특허 기술을 집약하여 특허문제를 효과적으로 해결했을 뿐만 아니라 어마어마한 연구비용도 절감했다.

특허는 줄곧 제조업의 레드카드였다. 축구경기에서 레드카드를 받은 축구선수는 퇴장해야 하듯이 특허문제와 관련되어 레드카드를 받으면 퇴장해야 한다. 어떤 경우에는 비싼 '사용료'를 지급하기도 해야 한다. 따라서 기업은 우선 특허와 관련된 위험에 주목해야 한다.

특허 부분에 있어서 비야디는 매우 성공적이다. 우선 비야디는 적극적으로 특허 무효 증거를 찾아 특허대전을 성공적으로 치러냈다. 예를 들면 배터리 사업에서 비야디는 소니, 산요와 접전을 펼쳤다. 비야디는 비특허 기술을 집약시켜 특허 위험을 효율적으로 막는 동시에 기업의 원가를 절감하고 시장에 진출하는 속도를 올렸다. 비야디는 이와 같은 방식으로 자동차 사업에서 성공을 거두었다.

기업에는 특허와 같은 법률안전 문제를 제외하고도 제품의 품질문제가 존재한다. 기업은 반드시 제품의 품질을 보장해야 한다. 제품의 품질문제와 관련하여 왕촨푸는 다음과 같이 말한 적이 있다.

"제품을 만드는 사람은 모두 알다시피 제품의 품질은 여러 가지 요인의 영향을 받습니다. 일반적으로 제품의 80퍼센트는 제품의 디자인에 의해 결정되는데, 디자인이 완성되면 제품은 거의 다 완성되는 것입니다. 나머지 20퍼센트는 제조상의 일부 변수에 의해 결정되는데, 재질의 변수 등도 해당 제품의 품질에 영향을 줍니다."

비야디는 제품의 품질에 영향을 줄 만한 요소들을 원천적으로 통제하고 봉쇄하는 방식으로 자사 제품의 품질을 향상시켰다. 2011년 비야디는 '품질을 갖춘 성장'이라는 슬로건을 내걸기도 했다.

사실상 기업의 안전에는 특허, 품질뿐만 아니라 법률, 세무

등과 같은 수많은 측면이 포함된다. 한마디로 말해서 기업은 안전한 발판에 가까워질수록 순조롭게 발전할 수 있고 더 멀리 나아갈 수 있다.

모든 기술은 '종이호랑이'이다

비야디의 발전 과정에서 나타난 강적들은 거의 모두 비야디를 상대로 특허전쟁을 일으켰다. 소니, 산요가 비야디를 상대로 소송을 제기했다. 소송이 자국에서 발생하든 해외에서 발생하든 비야디는 이를 회피하지 않고 매번 정면으로 맞섰으며 항상 승리로 마무리했다.

가장 대표적인 예는 비야디와 소니의 특허전쟁이었다.

2002년 9월, 산요사는 비야디가 자사의 배터리 특허를 침해했다는 이유로 비야디를 미국 샌디에이고 법원에 고소했다. 2003년 7월 소니주식회사 역시 비야디가 자사의 두 가지 리튬이온 충전배터리 특허 제2646657호, 2701347호를 침해했다는 이유로 비야디를 일본 도쿄 지방법원에 고소하였다.

이번 고소에서 소니는 충분한 우위를 점하고 있었다. 제

2646657호 특허는 9년 동안의 심사를 거쳐 1997년 5월 9일 취득한 것으로, 이 특허가 공식적으로 승인된 뒤 1998년 2월 20일부터 유아사(湯淺)그룹주식회사, 신고베(新神戶)전기주식회사, 히타치 맥스셀(日立 Maxcell)주식회사 등 일본의 세 회사에서 이 특허에 이의를 제기하고 이 특허를 무효화하려고 했다. 그러나 결국 특허의 무효화에는 성공하지 못하였다. 그 뒤 소니는 2000년 4월 13일부터 자사가 주장하는 특허청구권의 범위를 축소하도록 일본 특허청을 압박하여 2000년 6월 6일 특허청의 승인을 취득하였다.

특허소송에 휘말리자 비야디는 적극적인 대응에 나섰다. 몇 차례 내부 토론을 거쳐 확정된 비야디의 전략은 소니의 특허를 무효화시키는 것이었다. 일본의 〈특허법〉에는 특허를 무효화시키면 권리침해 문제가 존재하지 않는다고 규정되어 있다. 소니의 특허를 무효화시키려면 일본 특허청에 특허무효 선고를 청구해야 했다. 2004년 3월 19일, 비야디는 일본 특허청에 소니의 제2646657호와 제2701347호의 특허에 대한 무효 선고를 내려달라는 청구를 제기했다.

도쿄 지방재판소는 본 사건에 대한 심사를 잠시 중단하고, 소니에 대한 특허청의 특허무효 선고 여부가 결정된 후 다시 심사 및 재판을 하기로 결정했다. 이 시간을 틈타 비야디는 고되고 세밀한 증거수집에 나섰다.

2004년 초, 비야디의 변호사팀은 홍콩의 한 회사의 적극적인 도움으로 대리판매한 수천수만 개의 제품에 대한 영수증 중에서 관련 배터리 제품의 판매 영수증을 찾아냈다. 영수증 상의 판매 일자는 1997년 1월 5일로 소니의 특허 출원일인 1997년 5월 9일보다 4개월 4일이 빨랐다. 다시 말하면, 소니가 출원한 디자인 특허는 출원일 전에 이미 제품화되어 시장에서 공개적으로 판매되고 있었던 것이다. 이것은 비야디가 찾아낸 결정적인 증거로 소니의 특허를 무효화하기에 충분했다.

이 증거에 이어, 샌디에이고 법원에서의 변호를 맡은 비야디의 변호사팀은 24건의 증거와 8편의 특허 대비 문헌으로 구성된 증거들을 제출했다. 이 증거들을 바탕으로 산요의 고소에 반박하며 재판정에 모인 사람들을 설득하고 비야디의 주장을 수긍하게 만드는 변호를 펼쳤다.

이로써 비야디는 산요사가 법원에 제기한 자사에 대한 소송을 순조롭게 뒤엎고, 상대방이 주동적으로 비야디와의 합의를 요청하도록 만들었다. 2005년 2월 16일, 비야디와 산요는 두 가지 리튬이온 배터리 특허를 둘러싼 법률소송에 대하여 최종적으로 합의하였다. 또한, 2005년 11월 7일 소니의 제2646657호 특허 소송에 대해 일본 지적재산권 고급재판소는 소니의 해당 특허가 무효임을 선고했다.

열띤 특허소송을 겪고 난 왕촨푸는 곧바로 비야디의 특허 출원 신청을 진행하였다. 1999년부터 2002년까지 비야디는 100건 가까이 되는 특허를 출원하였는데, 그중 60퍼센트가 발명특허이고 나머지 40퍼센트는 실용신안 특허였다. 2007년 이후 비야디의 특허 출원 수는 해마다 1,000건 이상에 달했고 특허의 품질도 꾸준히 향상되었다.

배터리 특허에서 풍부한 경험을 축적한 왕촨푸는 자동차 제조에서도 지혜를 겨루겠다고 선언하고 선진 기술을 참조하는 동시에 특허의 위험성을 피하기 위해 노력했다. 비야디 F3의 이름이 널리 알려지자 업계에서는 비야디의 '코롤라'라고 불렀고,

도요타가 비야디를 고소할 것이라는 소문도 나돌기 시작했다. 그러나 모방 차량이라고 불리던 비야디 F3은 특허문제가 발생하지 않았을 뿐만 아니라 오히려 33가지 특허를 출원할 정도였다. 사실상 특허는 중국의 많은 기업들을 괴롭히는 어려운 문제로 꼽히고 있는데, 이 문제에서 왕촨푸의 지혜를 잘 배워둘 필요가 있다. 혁신적인 지혜로 특허 위험성을 피하고 시장을 얻은 지혜를 말이다.

● 전기자동차(electric vehicle, 電氣自動車)의 역사

전기자동차는 전기를 동력으로 하여 움직이는 자동차이다. 자동차를 움직이는 에너지가 기존의 화석 연료 에너지가 아닌 전기에너지라는 점이 가장 큰 특징이다. 자동차에서 뿜어져 나오는 배기가스가 전혀 없는 친환경 자동차로 소음도 아주 작은 장점이 있다. 1873년 가솔린 자동차보다 먼저 전기자동차가 만들어졌지만, 무거운 배터리, 충전에 걸리는 시간에 대한 부담 문제, 사업 전략의 실패 등으로 실용화되지 못했다. 그러다가 최근 환경 문제와 에너지 자원 부족 문제가 심각해지면서 전기자동차가 다시 활발하게 개발 진행되면서 그와 함께 경쟁 또한 치열해지고 있다.

제3편 혁신의 함정

영국 런던에서 운행되고 있는 BYD의 전기버스 ▷출처: Wikimedia Commons

　물론 특허의 위험을 피하기 위해서는 지혜뿐만 아니라 체계적인 정보가 필요하며, 전문적인 팀의 구축도 필수적이다. 비야디에는 약 200명의 직원으로 구성된 지적재산권 및 법률부가 있다. 이 부서의 주요 업무는 어떻게 하면 상대방의 요새를 공격할 수 있는지에 대해 연구하고, 비야디의 각 제품 사업부에 대해 감독을 진행하며, 반드시 피해야 하는 기술은 무엇인지를 수시로 알려주는 것이다.

특허의 위험성을 지혜롭게 피하고 핵심 기술을 보유함으로써 비야디는 기술의 폐쇄성을 타파하였을 뿐만 아니라 세계 배터리 시장의 선두주자로 우뚝 서게 되었다. 이렇게 비야디는 자동차 분야에서 많은 성과를 거두는 동시에 신에너지 자동차를 신속하게 시장에 투입시키고 핵심 기술을 장악하여 더욱 광활한 발전공간을 확보하게 되었다.

10

당신의 제품은 얼마나 멀리 미래를 내다보는가?

기업의 '제2의 도약'을 찾아라

제품마다 생명주기가 있다. 따라서 기업가는 높이 서서 멀리 내다보며 미래를 계획하고 새로운 제품과 사업 분야를 찾아냄으로써 기업이 장기적으로 발전할 수 있도록 해야 한다. 기업은 반드시 수시로 변혁을 시도해야 하며 시기가 지나면 망설임 없이 새로운 업무계획을 집행하여 낡은 업무로 인해 기업의 발전이 침체되는 것을 피해야 한다.

왕촨푸는 배터리 사업에서 전성기를 누리고 있을 때 경쟁자를 제압하는 방법으로 선두를 달리지 않았고, 끊임없는 확장으로 기존의 시장점유율을 확대시키지도 않았다. 왕촨푸는 그와 반대로 미래, 즉 제2의 도약을 찾기 위해 노력했다. 이렇게 하여 자동차 산업은 비야디의 제2의 도약이 되었다. 비야디가 자동차로 제2의 도약을 이룬 후, 왕촨푸는 신속하게 자동차 산업을 두 단계로 나누었다.

일반 자동차는 비야디의 제2의 도약인 동시에 자동차 산업의 첫 번째 도약이기도 했다. 왕촨푸는 신에너지 전기자동차를 자동차 산업의 제2의 도약으로 생각했다. 이러한 위기의식과 예리함이 어우러진 왕촨푸의 전략적 사고는 모두가 배울 만한 부분이다.

그렇다면 기업들은 어떻게 미래를 전망하는 앞선 사고를 할 수 있는가? 기업가는 다섯 가지를 보아야 한다.

첫째, 국제적인 대세의 흐름을 보아야 한다. 마케팅, 소비 추이에서 본 오늘의 해외시장은 곧 중국의 내일이다. 기업가는 예민한 사고와 국제시장의 추이를 통해 소비의 흐름을 파악해야 한다.

둘째, 국내시장을 보아야 한다. 반드시 국내시장의 특징을 잘 이해해야 한다. 특히 같은 업계의 경쟁자들은 무엇을 하고 있으며 업계에 어떤 문제가 존재하는지 잘 알아야 한다.

셋째, 소비자를 보아야 한다. 소비자의 요구를 정확하게 파악해야 한다. 소비자의 요구 가운데 어떤 것이 이미 충족되었고, 어떤 것이 아직 충족되지 않았으며, 요구가 충족되었음에도 불구하고 기업이나 제품의 어떤 부분이 소비자의 불만 요소를 일으키고 있는가 하는 문제들을 다양한 측면에서 심층적으로 파악해야 한다.

넷째, 국가의 정책을 보아야 한다. 현재 국가에는 어떤 정책이 새로 나왔으며 어떤 정책이 추진되고 있는지, 정책의 변화를 잘 알아야 한다. 국가 정책에 대한 깊은 이해가 있어야만 정책의 도움을 받을 수 있다.

다섯째, 스스로를 보아야 한다. 수많은 정보를 탐색하고 시장기회를 엿보아야 한다. 이 중에서 스스로 할 수 있는 것과 할 수 없는 것이 있다. 어떤 차별화된 시장기회가 있는지를 잘 살펴보고, 스스로를 돌아보며 어떤 것을 스스로 할 수 있는지, 어떤 것을 보완해야 하는지 판단해야 한다.

전기자동차, 비야디의 미래 '제2의 도약'

셸그룹 BP사의 두 에너지 회사는 오랫동안 석유와 천연가스 생산을 주요 사업 분야로 다루어 왔고, 이 사업 분야를 통하여 많은 돈을 벌어들였다. 그러나 그들은 스스로를 '유정에서 석유를 퍼 올리는' 회사가 아니라 '신에너지 전환의 선두주자'라고 정의를 내렸다. 그들은 여러 신에너지 분야에 대량의 자금을 투자했다. 사실상 이것은 미래지향적 브랜드 기획과 전략적 배치라고 평가할 수 있다.

기업가는 기업의 브랜드 이미지뿐만 아니라 기업의 사업 분야에서도 역시 미래를 볼 줄 알아야 한다. IBM의 철저한 변화와 대조적으로 비야디는 두 갈래의 길을 동시에 가는 전략을 선택했다. 우선, 세계의 이목이 '배터리 대왕 왕촨푸가 어떤 식으로 승승장구하는가'에 집중되어 있을 때, 왕촨푸는 오히려 비야디에게 낯설기만 한 자동차 시장에 빠르게 진출하였다. 또한 사람들이 왕촨푸가 일반 자동차 사업 분야에서 거둔 성과를 흥미진진하게 논하고 있을 때 그는 벌써 전기자동차라는 미래를 개척하고 있었다. 사실 이 두 가지 전략은 모두 미래를 겨냥한 왕촨푸의 계획된 움직임이었다.

2001년 1월, 당시 '배터리 강국'으로 자리매김하고 있던 비야디는 친촨자동차를 인수했다. 이에 대한 외부의 반응은 매우 비판적이었다. 심지어 홍콩의 펀드매니저들조차 이를 두고 본업에 충실하지 않은 어리석은 행동이라고 비난했다. 이러한 반응에 대하여 왕촨푸는 그들이 눈앞의 이익만 보고 5년, 10년 뒤의 이익 창출을 위해 준비할 줄 모른다고 반박했다. 당시 왕촨푸는 〈자동차 사업 평론〉 잡지 기자와의 인터뷰에서 다음과 같이 말했다.

"자동차의 동력 배터리 프로젝트는 우리의 미래를 결정할 것입니다."

사실 왕촨푸의 착안점은 배터리 기술의 우위를 빌어 기존의 휘발유 자동차를 넘어서서 전기자동차를 개발하고 발전시키는 것이었다. 왕촨푸는 배터리를 전기자동차의 영혼이라고 생각했다. 이를 위해 왕촨푸는 특별히 연구 프로젝트팀을 결성하고 전기자동차의 배터리 개발에 전력을 다했다.

2005년 9월 비야디 F3은 출시되자마자 불티나게 팔렸고, 사

미국 미시간 주 디트로이트 시에 위치해 있는 GM 본사의 르네상스 센터
▷출처: Wikimedia Commons

제3편 혁신의 함정

람들은 왕촨푸가 전기자동차를 만들고 있다는 사실조차 잊고 있었다. 그러나 1년 후인 2006년 11월 베이징에서 열린 자동차 전시 발표회에서 비야디는 획기적으로 철 배터리를 콘셉트로 한 자동차를 내놓았다. 철 배터리 기술이 세상에 공개되는 극적인 순간이었다.

2008년 12월, 세계 최초 혼합동력 자동차인 F3DM이 정식으로 출시되었다. 비야디가 5년 동안 500명의 연구원들을 투입하고 10억 위안을 투자하여 연구하고 개발한 연료 배터리 혼합동력 자동차는 휴대전화처럼 가정용 콘센트를 이용하여 충전이 가능했다. 이로써 전기자동차는 반드시 전문적인 충전공급소에서 충전해야 하는 단점을 해소하였다.

또한 F3DM은 전기로만 시동을 걸 수 있으며 최고 시속이 150킬로미터에 이르고 1회 충전으로 100킬로미터 주행이 가능해졌다. 이에 비해, 듀얼모드 기술을 장악하고 있던 GM과 도요타가 판매하는 전기자동차는 1회 충전으로 25킬로미터밖에 주행하지 못하였다.

2009년 하반기, 비야디는 두 가지 중요한 시나리오를 완성하

독일에서 운행되고 있는 BYD의 전기버스 내부의 모습　▷출처: Wikimedia Commons

였다. 우선, 비야디 후이저우(惠州) 산업단지를 건설하여 이곳에서 비야디 전기자동차의 핵심기술인 철 배터리 생산 업무를 책임지도록 했다. 또한 2009년 7월 25일 비야디는 1년 동안 중단되었던 메이디쌴샹(美的三湘) 버스 프로젝트를 인수하고, 30억 위안을 추가 투자하여 창사(長沙)에 신에너지 자동차 생산기지를 신설하였다. 그리고 이 생산기지에서 연간 5,000대의 B6, B9 전기동력 버스와 1만 대의 차대를 생산할 계획이라고 선포했다. 이로써 비야디는 신에너지 자동차 분야에서 국내에서의 자리를 확고하게 다져 나가고, 더 나아가 세계 신에너지 자동차의 선두 주자로 떠올랐다.

철 배터리를 전기자동차에 내장시킨 왕촨푸는 해외시장 개척에도 적극적으로 나서서 배터리 기술을 여러 분야에 응용하였다. 2010년 9월 14일, 비야디는 미국 로스앤젤레스 수도전력국(LADWP)과 재생가능 에너지저장 전력망 프로젝트를 추진하는 협력계약을 맺었다.

이 협력계약을 통해 비야디는 LA 테하차피 산의 소나무 풍력발전소에 5~10메가와트의 전기에너지 저장부품을 설치하게 되

● 비야디의 비공개 연구소

전 세계에서 비야디에서 근무하는 직원은 약 20만 명이다. 그 직원 가운데에 연구개발(R&D) 인력은 10퍼센트에 이른다고 한다. 공개적으로 알려진 연구원의 종류에는 자동차 관련 연구를 하는 자동차연구원, 표면처리 기술을 연구하는 중앙연구원, 신에너지 분야를 연구하는 전력연구원 등이 있다. 그러나 이들 외에 알려지지 않은 연구원들도 많다고 한다. 앞으로 5~10년 뒤의 미래를 대비한 비야디의 야심찬 제품을 연구하는 비공개 연구소가 여러 곳 존재한다고 한다.

었다. 그 효과는 배터리의 에너지저장 부품과 흡사하여 LA 수도전력국의 전기에너지에 대한 신뢰성을 높여주었고, 재생 가능한 풍력에너지와 태양에너지 결합시스템을 LA 수도전력국의 차세대 포트폴리오에 포함시켰다. 재생 가능한 에너지저장 전력망의 국제적인 응용은 비야디의 미래 발전에 새로운 길을 열어주었다. 이로써 왕촨푸의 제2곡선은 계속 연장되어 밝은 미래로 이어졌다.

11

당신의 제품은 소비자와
얼마나 멀리 있는가?

'단말기 전쟁'에서 '단말기 전략'에 이르기까지

제품은 최종적으로 수많은 소비자들에게 전해진다. 고객이 없는 제품은 생존의 의미를 상실하게 된다. 진정으로 소비의 세부 사항에 관심을 기울이는 기업만이 시장에서 박수갈채를 받을 수 있다.

그렇다면 어떻게 고객의 진정한 요구를 찾아낼 것인가?

우선, 기업 관리자는 시장에 대하여 정확히 이해하고 직접적인 접촉을 통해 고객의 요구를 파악해야 한다.

그다음, 기업 관리자는 입장을 바꾸어 생각할 줄 알아야 한

141

다. 쉽게 말하면 자신의 신분을 잊고 자신이 고객의 입장이 되어 소비환경에 완전히 몰입하여 직접 체험해야 한다. 고객이 변하면 회사도 함께 변해야 한다.

마지막으로 기업 관리자는 역으로 추리하는 방법을 익혀야 한다. 고객에게 해결책을 제공하던 사고방식에서 한 단계 더 나아가 역추리 방법을 통하여 제품의 개발을 진행하고 고객의 진정한 요구를 발견해내야 한다.

비야디의 성공, 디테일

2003년 1월 23일, 비야디는 3개월 동안의 숨 가쁜 협상을 거쳐 시안친촨 자동차유한회사와 인수계약을 체결했다고 대외적으로 선포했다. 친촨자동차의 77퍼센트의 지분을 인수하면서 비야디는 공식적으로 친촨자동차 회사를 지배하기 시작했다. 곧이어 비야디는 자체적으로 새 자동차를 출시하기 위한 연구개발에 나섰다.

1년 동안의 시간을 들이고 1억 위안의 투자를 하여 비야디의 첫 모델인 316이 출시되었고 모델명은 F2로 정해졌다. 신차 연구개발에 성공한 왕촨푸는 흥분을 감추지 못했고 전국에 분포되어 있는 비야디의 대리판매업체 대표들을 상하이로 불러 심사회의를 열었다. 한 매체의 보도에 따르면 그날은 비가 부슬부슬 내리면서 기대감과 긴장감이 감도는 회의 분위기에 음울한 기운을 실어주기도 했다.

현실은 역시 냉정했다. 전국에서 모여든 대리판매업체 대표들은 심사회의에서 아무 말도 하지 않거나 말을 돌리지 않고 직접적이면서 강하게 비판적인 의견을 말했다. 심지어 어떤 사람은 왕촨푸를 향해 다음과 같이 말할 정도였다.

"왕 회장님, 이 차를 출시하지 마세요. 회사 브랜드 이미지를 실추시킬 수도 있습니다."

이렇게 F2는 시작부터 불안했다. 그날 밤 왕촨푸는 회사 임원 회의에서 F2는 영원히 보류해두고 다시 새로운 제품을 개발하기로 결정했다. 왕촨푸는 사태의 심각성을 발견하고 '어중간한' 책략을 단호하게 부결해 버렸다.

그렇다면 어떻게 대리판매업체 대표들을 포함한 소비자들의 인정을 받는 자동차를 만들어 낼 것인가? 곧바로 비야디는 새로운 마음가짐으로 소비자와 시장에 대한 연구조사에 돌입했다. 왕촨푸는 중국 소비자들의 디테일한 요구를 깊이 연구하기 시작했고 '중국인의 자동차'를 만들겠다는 강력한 의지로 중국인 특유의 요구를 찾아 나섰다.

결국 왕촨푸는 디테일에서 성공의 비결을 찾아냈다. 그 비결은 자동차의 외관은 반드시 국제적인 감각이 있어야 하고, 자동차의 내부 공간도 충분해야 하며, 배기량 역시 커야 한다는 것이었다. 그러나 가격은 상대적으로 낮게 정하여 높은 가격대 성능비를 구현해야 한다.

그다음으로 왕촨푸는 해외의 많은 자동차 모델들이 국내에서 큰 사랑을 받고 있다는 것을 발견했다. 만약 해외의 기존 자동차 모델을 받아들인다면 소비자들의 인정을 쉽게 받을 수 있을 것이라고 생각했다. 마지막으로 왕촨푸는 당시 10만 위안 이하의 자동차 모델이 매우 적으며, 특히 가격대 성능비가 높은 차량은 거의 없다는 것을 발견했다.

이와 같은 시장에 대한 연구를 통해 비야디는 마침내 2005년 4월, 중국의 소비수요에 초점을 맞춘 '중국인의 자동차' F3을 출시했다. 가격은 7.38만 위안~ 9.98만 위안으로 정하고 중·저급 시장을 목표로 삼았다.

비야디 F3에 대해 많은 사람들은 정면으로 보면 '코롤라'와 같고 뒤에서 보면 '피트'와 같다고 말했다. 이러한 혼합식 디자인은 어설픈 느낌을 주지만 F3에 적용된 효과는 그야말로 만점이었다. 사실 외관상 F3은 도요타의 코롤라와 90퍼센트 정도 유사하고 심지어 내부의 부품들은 서로 통용될 수 있지만, 가격은 코롤라의 절반도 되지 않아 가격대 성능비가 월등히 높았다. 출시한 지 20개월 만에 비야디 F3의 판매량은 10만 대를 돌파하면서 자체 브랜드의 차량 중 가장 빨리 10만 대를 돌파한 차로 기록되었다. 왕촨푸는 사람들이 가치를 초월하는 제품을 구매하려는 소비심리를 파악함으로써 당시 이미 안정되어 있었던 시장 판도를 뒤집었다.

그 후 우리가 보게 된 비야디 자동차는 대부분 '모방+혁신형' 차종이었다. 이에 대해 왕촨푸는 솔직하게 자신의 의도와 생각을 밝혔다.

"우리는 자동차를 디자인하지 않을 것입니다. 자동차는 이미

100여 년의 역사를 지니고 있으며 하나의 차체, 네 개의 타이어를 갖고 있기 때문에 어떤 차량이든 다른 차량과 비슷한 점을 갖게 되기 마련입니다."

이 말 속에는 비야디가 신속하게 차량을 제조하는 방식과 소비자의 수요에 맞는 차량을 제조하는 방식을 취하고 있음을 보여준다. 이로부터 발생되는 특허 위험을 피하기 위해 비야디는 새로운 제품을 개발할 때마다 비특허 기술을 조절하여 사용했다. 즉, 비특허 기술을 대량으로 사용하고 비특허 기술의 조합을 통해 제품의 혁신을 완성시켰다.

차량 모델이 점점 더 다양해지고 판매량이 증가하면서 비야디는 스포츠카, 전기자동차도 출시하여 시장 포지셔닝을 구분했다. 심지어 어떤 전문가는 자동차 제조 분야에 새로운 품종 한 가지를 추가했다. 바로 '비야디 자동차'이다. 이처럼 브랜드의 기반을 튼튼히 다진 비야디는 전면적인 개성화 디자인 작업을 시작했다.

고객의 생각은 기업이 어떤 기업이 될 것인지, 그 기업은 어떤 제품을 만들어야 하는지, 그 기업은 성공할 수 있을지 등을 포

BYD의 전기자동차 탕 ▷출처: Wikimedia Commons

● BYD의 전기자동차

BYD의 주요 전기자동차 모델은 BYD Qin, Tang이다. 이 모델들은 전기자동차이지만 자동차의 크기, 최대 속력, 가격 등에서 기존의 내연기관 자동차의 성능과 비슷하다는 긍정적인 평가를 받고 있다. 특히 Tang의 판매 증가 속도가 예상보다 빨라 왕촨푸를 매우 흐뭇하게 만들어 주고 있다. 2015년에 BYD는 전기자동차를 약 6만 대 정도 팔았다. BYD가 중국에서 전기자동차 시장을 이끌고 있다고 해도 과언이 아니다.

함하여 기업의 운명을 결정한다. 따라서 경쟁이 날로 치열해지는 레드오션 시장에서의 유일한 블루오션 전략은 바로 경쟁자들보다 한발 앞서서 시장과 소비자에게 좀 더 가까이 다가서는 길뿐이다.

제3편 혁신의 함정

12

당신은 혁신과
얼마나 멀리 있는가?

기업가의 혁신정신은 흔히 다음의 세 가지에서 구현된다.

첫째, 기업가는 일반 사람들이 찾을 수 없는 시장기회를 포착해야 한다.

둘째, 기업가는 일반 사람들이 통합하지 못하는 전략자원을 활용해야 한다.

셋째, 기업가는 일반 사람들이 상상하기 어려운 해결책을 찾아내야 한다.

왕촨푸는 우선 배터리의 '틈새시장'을 발견하고 아무도 발견하지 못한 시장기회를 포착하면서 창업의 도약을 실현했다. 많

● 창조적 파괴를 말한 조지프 슘페터(Joseph Alois Schumpeter)

조지프 슘페터는 미국의 이론경제학자(1883~1950)이다. 비엔나대학에서 경제학과 법률학을 전공하고 1906년에 학위를 수여받았다. 1919년, 오스트리아 공화국의 재무장관으로 일하고 그 뒤 비다만 은행장을 맡는 등 현실적인 정치와 정책일을 맡아한 적도 있었다. 그러나 1925년 본 대학의 초빙을 받고 학교로 돌아갔고 1933년에는 미국 국적을 얻고 하버드 대학에서 강의했다.

슘페터는 경제학자로서의 이름과 업적이 널리 알려져 있다. 그가 다룬 연구 분야는 '창조적 파괴'와 '신 결합'이라는 개념을 중심으로 한 기술혁신과 현대의 자본주의 발전이다. 이를 통하여 슘페터는 경제 발전의 이론, 경기 순환론, 경제 사회학에 중요한 공헌을 하였고, 케인스와 함께 20세기 전반의 대표적인 경제학자로 평가되고 있다. 주요 저서에는 ≪경제 발전의 이론≫, ≪경기 순환론≫, ≪경제 분석의 역사≫ 등이 있다.

조지프 슘페터
▷출처: Wikimedia Commons

은 기업들에서 이 기회를 발견하고 너도나도 뛰어들 무렵 왕찬푸는 오히려 세계 자원인 기술, 인력, 시장을 통합했다. 또한 아무도 감히 도전하지 못하는 제조방식을 창조하여 배터리 산업의 레드오션 경쟁에서 벗어났을 뿐만 아니라, 일반 자동차와 신에너지 자동차의 양방향 배치를 완성하면서 블루오션 시장으로 방향을 틀었다. 이것이 바로 그의 혁신정신인 것이다.

유명한 경제학자인 슘페터는 혁신은 창조적 파괴이며, 기업가 정신은 바로 혁신정신이라고 정의했다. 그러나 파괴는 쉽지만 창조적 파괴는 매우 어렵다.

그럼에도 불구하고 창조적 파괴를 위한 혁신적인 사고방식을 찾기만 하면 어떤 기업이든지 반드시 두각을 나타낼 수 있다. 사실 왕찬푸는 이와 같은 창조적 파괴라는 몇 가지 혁신방법에 이미 통달해 있었던 것이다.

그렇다면 창조적 파괴를 위한 혁신방법에는 어떤 것들이 있을까?

유연해져야 한다

유연해진 다음에는 기업문화를 가지게 될 것이다. 왕촨푸는
비야디가 '등급문화'가 아닌 '가족문화'를 창조하기를 희망했다.
그는 봄비처럼 부드러운 '가족문화'를 통해 직원들이 스스로 생
산효율을 높이도록 했다.

비야디에는 직원들의 일터인 자동차 공장뿐만 아니라 야디
촌, 야디기숙사와 야디학교 등이 있다. 심지어 왕촨푸는 일반 직
원들과 똑같이 일반 작업복을 입고 시간을 맞춰 출근하여 출근
카드를 찍고 일했고, 늘 직원들보다 늦게 퇴근했다. 왕촨푸는
임원층에게 지분 배분을 약속하고 회사가 상장된 후 자신이 한
약속을 전부 이행했다. 또한 그는 직원들을 위해 야디유치원, 야
디초등학교를 설립했고 심천중학교와 협력하여 야디분교도 설
립했다.

비야디의 직원들은 왕촨푸의 격려와 지원을 받으며 문학동아
리, 서화동아리, 예술동아리, 영어동아리를 만들고 함께 활동했
다. 이런 다양한 일들을 통하여 왕촨푸는 직원들에게 수많은 작
은 가족들을 만들어 준 셈이다.

멀리 내다보아야 한다

멀리 내다본다는 것은 미래에 눈길을 돌린다는 것이다. 왕촨푸는 훌륭한 키잡이임에 틀림없다. 그는 비야디를 이끌고 치열한 사업의 세계에서 일반적인 통념으로는 실현하기 어려운 성공들을 일구어냈다.

비야디가 여러 산업분야에서 이룩한 성과들은 투자은행의 분석전문가들이 매번 자신의 분석보고서를 수정하게 했다. 언제나 왕촨푸는 그 누구보다 멀리 내다보았던 것이다. 일반 자동차 시장으로의 진출을 시작하기 전, 그는 중국 자동차 산업의 거대한 소비 잠재력과 가격대 성능비가 높은 자동차의 부재를 발견했고, 신에너지 자동차를 개발하기 전, 그는 미래의 저탄소, 환경보호라는 큰 추이를 읽어냈다.

완벽함을 구사해야 한다

완벽함을 구사하면 채널 네트워크를 깊게 팔 수 있다. 온 힘을 집중하여 제품의 품질을 유지하고 서비스를 진행하며 혁신해야 한다. 모든 전략은 집행되지 않으면 빈말에 지나지 않는다.

모든 집행은 방법과 도구가 없으면 무모할 뿐이다. 전략적으로 오리무중에 빠져 있다면 차라리 고객을 상대하는 기본적인 기능을 잘 다져야 한다.

예리해져야 한다

예리해져야 한다는 것은 제품에 초점을 맞추라는 뜻이다. 우리는 왕촨푸의 발전 행보에서 그가 시종일관 배터리 연구에 몰두했음을 발견할 수 있다. 왕촨푸는 배터리 연구에 몰두하면서 배터리에서 전기자동차 배터리까지, 그리고 전력을 저장하는 축전형 배터리로 끊임없이 발전했다. 그는 배터리를 떠난 적이 없었기에 깊이 있게 연구하고 계속 발전할 수 있었다.

현재 비야디는 니켈 카드뮴 배터리 분야에서 세계 1위를 차지하고 있고, 니켈 수소 배터리 분야와 리튬 배터리 분야에서도 전 세계적으로 선두 자리를 놓치지 않고 있다. 왕촨푸는 명실상부한 '배터리 대왕'이 되었다. 이러한 배터리 분야의 압도적인 우위 상황에서 비야디는 철 배터리와 같은 선진적인 기술을 보유하여 전기자동차에 탑재했을 뿐만 아니라 기타 분야에도 응용 가능하게 만들었다.

가벼워져야 한다

가벼워져야 한다는 것은 원가 혁신을 뜻한다. 수익을 창출하기는 어려워도 지출을 줄이기는 쉽다. 왕촨푸는 넓은 측면에서 원가를 절감하는 것이 직원들의 급여를 줄이는 것보다 더 효율적이라고 생각했다.

비야디의 임원들은 출장을 갈 때 일반 직원과 마찬가지로 이코노미석에 탑승한다. 왕촨푸도 예외 없이 이코노미석의 승객이 된다. 왕촨푸의 절약 원칙은 쓰지 말아야 할 돈은 한 푼도 쓰지 말아야 하며 써야 할 돈에 대해서는 절대로 따지지 않는 것이다.

빨라져야 한다

빨라져야 한다는 것은 내부 소통을 빨리 해야 한다는 것이다. 속도는 성패를 결정하며, 빠르고 지속적으로 성장해야 시장에서 주도권을 잡을 수 있다.

비야디에서는 모든 사업부가 언제든지 새로운 사업을 시작할 수 있다. 왕촨푸에게 그 사업을 시작해야 하는 타당성을 입증하는 보고서를 제출하기만 하면 된다. 이 보고서는 사업 계획서와 같은 성격을 띤다. 왕촨푸는 새로운 사업을 추진하기 위하여 보고서를 제출한 직원에게 다음과 같이 말한다.

"당신이 제출한 보고서의 내용이 나를 설득시키고 그 보고서를 읽고 나의 기분이 좋아지면 됩니다. 그러면 당신은 그 사업을 시작할 수 있습니다."

소통의 효율은 발전의 속도를 결정한다.

높아져야 한다

높아져야 한다는 것은 부를 증대시키는 것과 관계가 있다. 왕촨푸는 모든 사람에게 능력을 발휘할 수 있는 공간을 주어야 비야디 자동차가 발전할 수 있다는 것을 잘 알고 있다. 이것은 실제로 입증된 바 있다.

약 50퍼센트에 해당하는 비야디의 많은 중급 관리자들은 모두 캠퍼스 직원채용을 통해 입사한 직원들이며, 그중 뛰어난 사람들은 30살 전에 벌써 부서 책임자로 성장했다. 왕촨푸의 철저한 부의 가치관의 영향을 받으며 모든 관리자들은 발전할 수 있는 기회와 재부를 얻을 수 있었다.

통해야 한다

통해야 한다는 것은 내부 관리를 뜻한다. 관리자는 몸소 실천해야 한다. 관리자의 일거수일투족은 기업 전반에 영향을 주므로 관리자는 반드시 직원들의 본보기가 되어야 한다. 비야디에서 왕촨푸는 직접 연구개발을 총괄하고 있으며 여기에 그는 30퍼센트의 힘을 쏟고 있다.

왕촨푸는 상하이에 개인 사무실을 가지고 있다. 그는 늘 개인 사무실에서 십여 시간씩 일하거나 실험실에서 기술자들과 함께 차량 한 대를 해부하면서 온몸이 기름투성이가 되기도 한다. 가장 기초적인 자동차 해부 기술에서 비야디는 자동차 업계의 새로운 방식을 배웠고, 유익한 성공 경험을 통하여 적용할 만한 기술을 찾아냈다.

전문화되어야 한다

전문화되어야 한다는 것은 기술을 평가할 수 있는 능력을 갖추어야 한다는 것이다. 왕촨푸의 사무실에는 페라리 F1 스포츠카 샘플 외에 각양각색의 전문기술 잡지들이 쌓여 있다. 이 잡지들은 기계, 전자, 전기공학, 자동차 등 다양한 분야의 잡지들이다. 어느 측면으로 보아도 왕촨푸는 기술에 열광하는 엔지니어임에 틀림없다.

왕촨푸는 골프를 칠 줄 모른다. 그래서 그는 골프를 치는 대신 기술자들과 축구를 하거나 드라이브를 즐긴다. 비야디의 20여 개 사업부의 책임자들은 똑같이 일반 기술자 같은 편한 옷차림을 하고 기름투성이가 되어 일하면서 기술에 대한 끝없는 열망을 보여준다.

사실상 이 아홉 가지는 왕촨푸가 혁신정신을 완성할 수 있는 토대가 되어 주었다. 이러한 토대는 그의 혁신적 사고방식을 만들어내고 기업의 성공을 이끌어냈다.

13

당신은 마케팅 혁신과
얼마나 멀리 있는가?

고객의 가치가 곧 혁신의 핵심이다

마케팅의 본질은 가치이다. 일부 기업은 마케팅에서 어려움을 겪고 있는데, 그 원인은 마케팅 인력의 노력이 부족해서가 아니라 해당 기업이 가치 측면에서 이미 경쟁자에게 졌기 때문이다. 이것이 바로 마케팅 혁신에서 가장 큰 문제점이다.

이러한 측면에서 비야디는 남들과 다른 마케팅 혁신의 길을 걸어왔다. 제품은 고객의 가치를 창조한다. 비야디는 비특허 기술의 집약을 통해 높은 가격대 성능비의 발전방식을 모색해냈다. 유행에 뒤처지지 않게 트렌디하면서도 저렴하고 중국 소비자들의 세부적인 요구를 충족시키는 책략으로 소비자의 소비심리에 부응하면서 마침내 '가치 창조자'로의 새로운 변화를 실현하였다.

마케팅 역시 가치를 창조한다. 마케팅이 가치를 창조하는 한 가지 방법은 공간으로 시간을 바꾸는 전략이다. 왕촨푸는 우위 병력을 집중하고 몇 개의 지점으로 나누어 홍보하는 방식으로 하나씩 차례대로 자신의 근거지를 탄탄하게 만들었다.

이를 위하여 비야디는 제품 디자인, 기능 구성 등의 다양한 측면에서 높은 가격대 성능비 전략을 구현했을 뿐만 아니라, 집중적인 홍보방식과 더욱 세심한 서비스로 브랜드의 가치를 구현하였다. 이렇게 하여 소비자는 비야디의 브랜드를 충분히 이해하고 인식할 수 있었다. 결국 비야디는 소비자들에게 인정을 받고 목적을 달성하였다.

또 다른 방법은 눈길을 끄는 마케팅에 집중하는 전략이다. 비야디는 자사에 대한 워런 버핏의 투자를 언론 매체에 대대적으로 부각시킴으로써 기업의 인지도를 신속하게 끌어올리고 브랜드의 가치도 향상시켰다.

이러한 비야디의 행동을 통하여 우리는 마케팅의 혁신은 기술의 혁신일 뿐만 아니라, 더욱 중요하게는 시장가치의 창조라는 것을 알 수 있다. 이러한 시장가치는 시장으로부터 비롯되며 진정한 시험은 소비자의 실제적인 요구를 충족시킬 수 있느냐 하는 것이다.

BYD의 로고를 배경으로 서 있는 왕촨푸　▷출처: 연합뉴스

비야디의 마케팅 혁신

비야디의 판매 계획 및 홍보 전략에서 우리는 적어도 두 가지 마케팅 방법을 배울 수 있다. 하나는 F3 자동차의 출시 당시 지역을 나누어 정확하게 홍보를 진행한 마케팅 방법이고, 다른 하나는 워런 버핏의 영향력을 활용하여 이벤트 마케팅을 진행한 방법이다. 전자는 상장 초기 때의 방법이고 후자는 발전 중기 때의 방법이다.

지역별 마케팅

2005년 9월, 비야디가 자체적으로 연구개발한 최초의 중급차인 F3이 출시를 앞두고 있었다. 이미 브랜드 영향력을 갖춘 자동차 기업일 경우 신제품의 출시는 소비를 자극하는 무기이며 흥분할 만한 사건이다. 그러나 자동차 산업의 초보자에 지나지 않았던 비야디는 매우 부담스러웠다.

출시를 앞둔 비야디 자동차의 대리판매업체는 회의를 잇따라 열고 마케팅 방안을 몇 번이나 수정했다. '기획-확정-부정'으로부터 '재기획-재확정-재부정'이라는 과정을 거치며 수없이 논의

하면서 기업이 처한 환경, 보유하고 있는 자원, 경쟁자의 태세, 소비자 분포 등에 대해 전면적으로 검토한 후 '정확한 마케팅'의 홍보방식을 확정했다.

자동차 업계의 새내기로서 브랜드가 아직 널리 알려져 있지 않은 상황에서 신제품을 전국적인 범위에서 동시에 출시한다면, 다국적 자동차 브랜드와 중국 내 브랜드와 정면충돌하게 되어 승산이 별로 없다. 그러나 전국 시장이 아닌 부분 시장을 선택한

로스앤젤레스에 있는 BYD 미국 본사 ▷출처: Wikimedia Commons

다면 자사만의 우위를 형성할 수 있으며 브랜드 측면의 단점을 보완할 수 있다. 따라서 '우위 병력을 집중하여 각각 격파'하는 지역별 마케팅 방식은 당시 비야디가 선택할 수 있는 최상의 마케팅 책략이었다.

2005년 9월 22일, 비야디 F3은 산둥(山東) 지방의 지난(濟南)을 첫 출시 지역으로 선택했다. 왜 지난을 돌파구로 삼았을까? 샤즈빙은 그 이유에 대해 다음과 같이 설명했다.

첫째로 제품이 출고되어 시장으로 운송되는 시간에 대한 확보는 매우 중요하다. 상대적으로 짧은 운송 반경을 고려하였을 때, 시안에서 산둥까지의 운송 거리는 멀지 않았다. 그다음, 산둥은 자체의 자동차 생산업체를 갖고 있지 않아 비야디가 현지 시장에서 홍보하는 데 있어서 외부에서 받는 영향이 상대적으로 적었다.

그뿐만 아니라 산둥은 경제발전이 상대적으로 빨라 시장의 반응이 빨랐다. 비야디 자동차의 사전 조사연구에서 산둥은 자동차 판매순위 5위를 차지하였으며 시장 진출 후 발전공간이 커 보였다. 마지막으로, 비야디의 자동차 네트워크 구성의 측면에서 고려하였을 때, 산둥에서의 서비스 지점의 수와 판매 네트워크 구축 현황이 충분했다. 지역 곳곳을 순회하며 지역별 출시를 진행하면서 비야디는 목표시장에서 포지셔닝, 제품 투입, 가격 책략, 제품 공법, 광고 투입, 친절한 서비스, 직원 교육 등을 조절하여 정확하고 적절히 시행할 수 있었다. 한 지역에서 기대한 효과를 달성한 후에는 신속하게 다른 지역으로 옮겨가서 홍보를 진행했다. 모든 역량과 노력을 집중하여 비야디는 여러 지역에서 브랜드 인지도와 선호도를 빠른 속도로 향상시킬 수 있었다.

마케팅 역량을 집중시키자 기초가 탄탄해져서 각 지역에서의 판매 경로 건설도 매우 순조롭게 진행되었다. 이렇게 2005년 9월 22일부터 2006년 5월 22일까지 비야디는 산둥의 지난에서 시작하여 랴오닝(遼寧)의 선양(沈陽)까지 전진했다. 샤즈빙은 F3 출시 지역을 항저우(杭州), 정저우(鄭州), 선전(深圳), 난징(南京), 상하이(上海), 톈진(天津), 청두(成都), 구이양(貴陽), 쿤밍(昆明), 취안저우(泉州), 베이징(北京), 시안(西安) 등 14개 도시로 점점 더 확장해 나갔다. 비야디 F3의 전체적인 출시 과정은 9개월 동안 계속되었다.

이벤트 마케팅

2011년 4월 30일, 워런 버핏 회사의 주주총회에서 버핏의 투자를 받은 중국의 자동차 기업인 비야디는 큰 화젯거리가 되었다. 비야디는 이번 회의에서 '3대 주제' 중의 하나였다. 이 일로 당시 비야디와 대리판매업체 사이의 팽팽한 긴장감은 완화되었고 비야디도 이름을 한껏 날릴 수 있었다.

선전에서 비야디 자동차 홍보 활동 중에 선보인 BYD F3DM ▷출처: Wikimedia Commons

2010년 9월 27일, 워런 버핏과 빌 게이츠가 중국을 방문하여 비야디 자동차의 2010년도 대중화권 연례회의 및 일련의 중요한 행사에 참가했다. 그들은 비야디와 남방전력망(南方電網)의 계약 체결식에 참가했을 뿐만 아니라, 비야디 자동차의 100만 대 돌파 축하연 및 F3DM 전국순회 출시를 시작하는 출정식에도 참가했다.

워런 버핏은 대회장에서 매우 중요한 '업무'를 수행했는데 그것은 바로 무대에 오른 비야디의 신에너지 자동차 대리판매업체와 귀빈들에게 위임장이나 상을 수여하는 일이었다. 그중에는 신에너지 자동차 대리판매업체 대표에 대한 위임장도 있었고, 순수 전기자동차 e6의 누적 주행 60만 킬로미터를 축하하는 상도 있었으며, 우수 대리판매업체로 선정된 56개 업체에 주는 상도 있었다. 워런 버핏은 영광스러운 수상자들과 함께 일일이 기념촬영을 했다.

워런 버핏 일행의 이번 중국행은 비야디사의 초청에 의한 것으로 비야디사에서 모든 비용을 부담하고 이들을 전부 접대했다. 비록 초청에 의한 것이었지만 워런 버핏, 빌 게이츠, 찰리 멍

거 등 세계적인 주목을 받는 전설적인 인물들이 비야디와 관련된 회의 현장에 친히 참석했다. 이것은 그들이 비야디 기업과 비야디 제품을 신뢰한다는 것을 증명하는 것으로 전 세계 언론의 이목을 집중시켰다. 심지어 '비야디의 일원'으로 불리는 워런 버핏은 다음과 같은 말을 여러 번 했다.

"비야디에 대한 저의 투자는 매우 정확하고 탁월한 선택이었습니다. 비야디 자동차 판매량이 천만 대를 돌파하는 날, 저는 꼭 다시 이곳에 올 것입니다."

세상에 이보다 더 훌륭한 광고가 또 어디 있단 말인가?

제3편 혁신의 함정